Ch.-Emmanuel KERNISAN

ANCIEN DÉPUTÉ AU PARLEMENT HAÏTIEN

LA RÉPUBLIQUE D'HAÏTI ET LE GOUVERNEMENT DÉMOCRATE DE M. WOODROW WILSON

Ch.-Emmanuel KERNISAN
ANCIEN DÉPUTÉ AU PARLEMENT HAÏTIEN

LA RÉPUBLIQUE D'HAÏTI ET LE GOUVERNEMENT DÉMOCRATE DE M. WOODROW WILSON

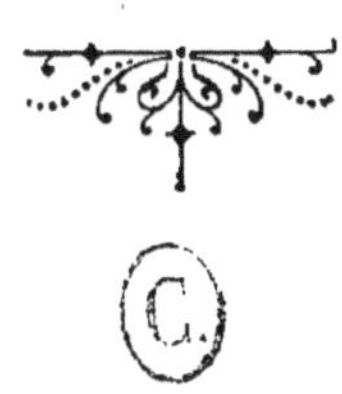

DÉDICACE

AU SÉNATEUR RUY BARBOSA,
DU BRÉSIL, RIO-DE-JANEIRO.

Je vous dédie ces pages, honorable sénateur, parce que non seulement vous avez été la première voix officielle américaine qui s'est élevée contre la violation de la neutralité belge, mais aussi parce que vous avez prononcé ces paroles mémorables qui ont une portée morale considérable : « Si les faibles n'ont pas « la force par leurs armes, qu'ils s'arment de la force de leur « droit ».

C'est ce que je viens faire au nom de la République faible d'Haïti.

Je vous prie d'agréer, Monsieur le sénateur, mon profond respect.

Ch.-Emmanuel KERNISAN.

OBSERVATION

M. Wilson, tenant à la fois de Jaurès par ses discours et de Bismarck par ses actes, est l'homme le plus extraordinaire de ce temps.

M. Wilson a la réputation d'être un entêté, et c'est bien cet entêtement qui fera le malheur du grand peuple américain si les éminents hommes d'État du parti républicain n'y prennent garde.

Les pages qu'on va lire et qui ont attendu, pour être publiées, que l'auteur se trouvât sur une terre étrangère, à cause de la grande tyrannie qu'exercent dans son pays les agents de M. Wilson, essayeront de prouver l'hypocrisie du Président des États-Unis. On verra combien ses discours sont en opposition flagrante avec ses actes, quand il s'agit surtout de peuples faibles et malheureux qui avaient le plus besoin d'une protection bienveillante et salutaire, situés qu'ils sont hors de l'action politique des grandes puissances de l'Europe.

Paris, le 3 Octobre 1919.

AVANT-PROPOS

Cette brochure, écrite en 1917, n'aurait pu voir le jour sans le triomphe des Alliés qui luttèrent pour la défense des droits des peuples faibles et les nationalités opprimées.

Nous appuyant sur ces principes de haute humanité, solennellement proclamés devant Dieu et le monde civilisé, nous venons donc demander justice aux nations libérales qui forment l'Entente.

Malgré les grands événements qui sont survenus depuis 1917, nous n'avons rien à ajouter ni à retrancher de ce que nous avons écrit; mais nous tenons seulement à attirer l'attention du monde, une fois de plus, sur les mémorables paroles qui ont été prononcées au dernier moment par les hommes d'État autorisés des Alliés de l'Entente, et par M. Wilson lui-même.

Voilà donc le but de cet Avant-Propos.

. . . .

Les hommes d'État qui auront le grand honneur de faire partie du Congrès de la Paix vont-ils écouter avec confiance les suggestions de M. W. Wilson en faveur des nationalités opprimées et du caractère nouveau qu'il faut donner au monde dans le sens du droit, de la justice, de la liberté et de l'indépendance intégrale des peuples quand, à l'instant même où il parle, ses agents oppriment certains peuples faibles de l'Amérique?...

Celui qui écrit ces lignes est un de ces Haïtiens qui ont toujours demandé avec foi que des réformes politiques et économiques viennent imprimer une nouvelle direction au pays, avec l'aide sincère des hommes du Nord.

Mais il n'entendait point que cette aide fût octroyée brutalement, comme à une peuplade conquise, en foulant aux pieds ce que le célèbre homme d'État français, M. Clemenceau, appelle les droits imprescriptibles de l'indépendance. Il a toujours préconisé l'union intime de toutes les républiques américaines, mais il entendait qu'elle fût établie sur la base absolue de l'égalité des droits.

Tous les hommes d'État véritablement humains demandent que la grande guerre soit la dernière par la victoire définitive du droit. M. Lloyd George, entre autres, croit que la victoire des armes *est indispensable pour faire que le monde soit libre*, mais il a eu soin de dire *que s'il n'y avait aucune perspective d'amélioration des choses, ce serait une infamie que de prolonger la guerre.*

Quant à nous, de ce côté-ci de l'Amérique, nous ne voyons aucune perspective d'amélioration de notre situation, car nous sentons qu'avec le triomphe des Alliés de l'Entente va s'appesantir plus lourdement le poing ganté de fer d'une puissance qui a foulé aux pieds *nos droits imprescriptibles à l'indépendance*; d'une puissance qui ne peut pas reconnaître, comme a dit l'honorable M. Ernest Lavisse, « qu'un peuple, « qu'il soit tout petit ou qu'il soit très grand, peu importe, « mais qui a su former un groupement humain obéissant à « des lois et coutumes, honneur chèrement payé toujours, a « conquis le droit de siéger dans une haute Cour d'huma« nité »; d'une puissance qui ne veut pas se rendre compte, comme l'a fort bien dit le célèbre homme d'Etat anglais, Lloyd George : « que le monde est fait pour le faible comme « pour le fort; sinon pourquoi Dieu aurait-il permis l'exis« tence des petites nations? Il n'y a pas deux espèces d'indé« pendance : une espèce d'indépendance pour une grande « nation et une espèce inférieure d'indépendance pour une « petite nation », ajoute encore l'honorable homme d'État anglais. C'est donc pour anéantir tout ce que l'ancien monde avait de mauvais, que la grande guerre se poursuit; et il faut que toutes les races, toutes les nations orgueilleuses arrivent à savoir que le temps de l'esclavage des hommes comme des peuples est passé. « Nous sommes en train de « créer un monde nouveau; cette création implique de » grands sacrifices, et de la grandeur de ces sacrifices naîtra « la grandeur du monde nouveau que nous enfantons » (LLOYD GEORGE).

« L'unité de direction qui règne parmi les Alliés est due « à ce que tous se rendent compte qu'ils défendent une « grande cause, qu'ils combattent pour la justice et le droit « contre la force. Si par notre victoire nous rétablissions « simplement le monde dans l'état où il était antérieure- « ment, non seulement nous aurions combattu en vain, « mais nous aurions laissé échapper la plus grande chance « qui ait jamais été offerte à une génération humaine « d'accomplir une grande œuvre. Il nous incombe d'établir « le système international sur des bases nouvelles (ROBERT CECIL).

« Aucune puissance étrangère, ni celle des raisonnements, « ni celle des mitrailleuses, n'enseigne à un peuple l'art de « se gouverner. L'expérience seule instruit, et l'expérience « exige du temps. Soyons patients » (*Le Temps*).

Tous les hommes d'État sont obligés de se découvrir devant ces paroles décisives de ce grand journal indépendant. C'est donc cette patience que je viens solliciter pour Haïti, ce peuple jeune, dont les aspirations sont sollicitées à la fois par plusieurs forces extérieures.

Le monde nouveau qui vient de s'ouvrir par la guerre de 1914-1918 n'admet que l'intégralité des choses : la réalisation complète des aspirations morales, des intérêts matériels; le droit, la liberté, la justice et l'indépendance intégrale. Pas de restriction possible au bénéfice d'aucune nation prétendue supérieure.

M. Woodrow Wilson l'a tellement bien compris, qu'il vient de poser ces questions célèbres aux hommes d'État du monde:

« Une puissance militaire d'une nation quelconque ou « d'un groupe de nations peut-elle déterminer le sort des « peuples sur lesquels elle n'a pas d'autre droit de régner « que le droit que lui confère la force?

« Des nations puissantes seront-elles libres d'opprimer « des nations faibles, de les assujettir? Des peuples devront-« ils continuer à subir la volonté d'autrui et ne pourront-ils « faire leur propre volonté? Réalisera-t-on un idéal commun « pour tous les peuples, toutes les nations, ou le puissant « pourra-t-il continuer à agir comme il le voudra et faire « souffrir le faible, sans réparation? Est-ce que la revendi-« cation du droit sera aléatoire, ou y aura-t-il une entente « commune pour rendre obligatoire l'observation du droit « commun?

« Aucun homme, aucun groupement d'hommes n'avait « prévu que ces questions se poseraient comme aboutisse-« ment du conflit, ajoute M. Wilson. Non, dit-il, ces résul-« tats sont sortis directement du conflit même, et ils doi-« vent être réglés non pas par un arrangement, par un « compromis, par un ajustement d'intérêts ; mais *définitive-« ment, une fois pour toutes*, sans équivoque, et sur ce prin-« cipe que l'intérêt du plus faible est aussi sacré que l'intérêt « du plus fort.

« Voilà ce que nous pensons, ajoute M. Wilson, quand « nous parlons d'une paix permanente. Nous parlons sincè-« rement avec une connaissance réelle de la grave question « que nous traitons ».

En parlant de la sorte, M. Wilson s'est révélé un véritable homme d'État de l'humanité, un vrai citoyen du monde, et sa voix a fait écho puisque le plus grand homme d'État français de nos jours, M. Clemenceau, a pu dire à son tour que l'armée glorieuse de France, qui hier était l'armée de Dieu, est aujourd'hui l'armée de l'humanité. Alors que fait M. Wilson en Haïti? A-t-il une sorte de pudeur à ne pas avouer sa faute?

Il ne faut pas que les grands hommes d'État fassent une

question d'orgueil national des erreurs et même des injustices qu'ils ont pu commettre avant l'avènement du monde nouveau, car l'effet rétroactif des lois morales est la plus puissante base internationale pour l'évolution des peuples et une nécessité de la civilisation.

. . . .

Les événements qui viennent de s'accomplir ne sont que la conclusion logique de plusieurs siècles d'histoire des dirigeants du monde. Il est donc incontestable que cette guerre est la condamnation de tout ce qui a été fait contrairement au droit, à la justice, à la liberté et aux lois naturelles. Et il est non moins incontestable que les hommes d'État qui auront le privilège de s'asseoir autour du tapis vert de la Conférence de la Paix, doivent tenir compte des leçons de l'Histoire générale pour faire ressortir pleinement les fautes et les injustices qui ont pu être commises au détriment de chaque peuple. Il n'y a plus une seule faute à commettre; il n'y a plus un seul germe de trouble international à laisser subsister dans le monde, pour me servir une fois de plus de la noble expression de M. Asquith.

L'organisation du monde nouveau doit donc avoir pour base la force morale du droit.

Nous supplions les Puissances libérales de porter leur attention sur notre malheureuse Patrie que nous désirons voir jouir intégralement de son indépendance, de sa liberté et de sa vie de peuple.

Nous affirmons que lorsque M. Herbert et quelques honorables membres de la Chambre des Communes élevèrent la voix pour demander l'appui du cabinet de Londres en faveur de la noble France écrasée sous le poing allemand, afin qu'un pareil crime n'eût pas de suite funeste pour le repos du monde, aucun peuple, aucun homme d'État du monde ne se doutait alors du mal qu'il se faisait à lui-même et au reste du monde en restant sourd à ces voix généreuses des honorables membres de la Chambre des Communes.

Eh bien, je viens à mon tour élever ma faible voix de

citoyen d'un peuple faible et opprimé, et en même temps de citoyen du monde, pour demander que le droit, la justice et la liberté soient respectées dans la personne de ma Patrie, et que les agents de M. Wilson cessent de l'opprimer, afin que son cri n'aille troubler le concert des nations libérales, ne suscite la colère divine.

Ce 26 novembre 1918.

CH.-EMMANUEL KERNISAN.

LA RÉPUBLIQUE D'HAÏTI

Les droits des peuples, grands ou petits, sont égaux.

Le premier coup de canon de la guerre de 1914 a été le prélude de l'effondrement de l'ancien monde.

L'Univers entier est donc en train de faire table rase de tous les édifices vermoulus qui le composaient.

Les trônes dont les assises reposaient sur des coutumes, des mœurs et des habitudes centenaires, j'ose même dire millénaires, sont renversés comme des châteaux de cartes. C'est que rien ne résiste plus à la poussée de l'opinion publique, manifestation des intérêts immédiats et primordiaux des peuples; et tout cela pour la reconstruction d'un monde nouveau. Quelles seront donc les assises de ce monde nouveau? Le respect des nationalités des peuples faibles; des constitutions répondant pleinement aux aspirations politiques de ces peuples; la destruction de tout germe de trouble international partout où il se trouvera dans le monde, pour me servir de la noble expression de M. Asquith : le droit qu'ont tous les peuples de disposer d'eux-mêmes, quelles que soient les régions dans lesquelles ils se trouvent, et cela dans tous les ordres.

Plus d'hégémonie, plus de zone d'influence respective, et j'ajoute même : plus d'intérêts essentiels à sauvegarder...

Les nations doivent agir désormais non dans le sens de leurs intérêts immédiats respectifs, mais dans le sens de la communauté internationale.

Il faut que l'action nationale d'une puissance quelconque soit en harmonie avec l'intérêt international des autres, de façon que cette action, au lieu de porter atteinte aux intérêts de toutes, serve au contraire de complément aux intérêts respectifs de chacune d'elles.

L'existence stable de chaque peuple doit avoir sa source dans son génie d'organisation politique et économique.

Toutes ces idées, toutes ces nobles aspirations, tous ces buts paraissaient chimériques avant la grande guerre. Mais comme l'homme s'agite et que Dieu le mène, tout ce qui avait paru au premier abord chimérique est devenu d'ordre divin, réalisable pour le repos de l'humanité. L'Empereur d'Allemagne lui-même nous apparaît comme l'instrument par qui le monde doit être transformé dans un sens qu'il ne pouvait lui-même prévoir, car les desseins de la Providence sont impénétrables.

Lorsque j'écrivis l'année dernière ma petite plaquette intitulée : « Un mot pour ma Patrie », j'étais loin de m'attendre au développement actuel des idées de haute moralité internationale.

Et si, au premier abord, certaines grandes puissances savaient l'idéal pour la défense duquel elles avaient pris les armes, il n'est pas moins vrai que cet idéal paraissait imprécis à bien d'autres, au point qu'il y en a même qui ont osé demander leurs buts de guerre aux combattants de la première heure...

Donc, si la victoire de l'Allemagne paraissait certaine à bien des peuples, peut-on en conscience faire un crime à un d'entre eux, d'avoir pris ses précautions en vue des conséquences de cette victoire? L'Allemagne victorieuse aurait organisé l'Europe en vue de la conquête du monde par une guerre de continent à continent, ce qui eût amené nécessairement une alliance entre le Japon, les États-Unis, quelques républiques américaines et les débris de l'Europe vaincue. Mais l'Allemagne victorieuse aurait-elle permis à cette alliance de s'affirmer?

L'Allemagne vaincue, l'Europe sera organisée en vue de la liberté générale du monde. Donc, tout péril d'hégémonie oppressive sera écarté pour le monde par la victoire des Alliés de l'Entente, victoire qui signifie la fin de l'ancien monde s'appuyant sur le militarisme, la violation des droits des peuples faibles et celle des nationalités par les peuples forts.

Il a fallu que l'équilibre fût établi entre le bien et le mal, en attendant que la lutte qui se livre en ce moment soit définitive pour le triomphe de l'un ou de l'autre. Des nations généreuses, sans doute, se virent dans l'obligation de prendre des précautions qui ne tendaient à rien moins qu'à la violation des droits naturels de certains peuples faibles.

C'est cette lutte pour l'équilibre qui a absorbé les hommes d'État du monde depuis la guerre de 1870-71.

* * *

Les États-Unis, que la nature a désignés comme une nation exclusivement agricole, se sont révélés le plus puissant peuple commercial du monde ; et, de là, la nation la plus démocratique est devenue la plus absolutiste et la plus impérialiste parce que ses intérêts commerciaux lui en font l'obligation. Il va sans dire que si elle était seulement agricole, elle aurait fait la conquête morale du monde et le bonheur de l'humanité, mais il faut tôt ou tard que ses intérêts commerciaux s'entre-choquent avec ceux des autres nations moins grandes par l'étendue et qui ne peuvent vivre que de l'industrie.

Si la guerre européenne n'avait pas eu lieu, cette nation eût donc été obligée de continuer, soit par le dollar ou par la force, sa politique d'oppression des peuples faibles de cet hémisphère. Dans tous les cas, une pareille politique serait considérée comme une mesure préventive, et comme une des conséquences de la politique générale du monde.

Voilà pourquoi, en plein XXe siècle, on voit les États-Unis commettre des crimes de lèse-peuple en s'emparant de Panama, en violant les nationalités haïtienne et dominicienne et en intervenant dans les affaires intérieures de certains autres peuples de l'Amérique centrale. Avaient-ils le droit de procéder ainsi? Je réponds que oui, la politique mondiale d'avant-guerre leur en faisait l'obligation. Mais cette politique étant condamnée par les grandes puissances libérales qui seront sûrement victorieuses, nous nous demandons quelle sera la situation des États-Unis au Congrès de la Paix au point de vue international, en présence des violences dont certaines nationalités ont été l'objet de leur part.

Les États-Unis, en s'installant chez nous par la force, ont placé leurs intérêts au-dessus du droit international. Ils seront donc obligés de lâcher leur proie et d'en référer à la Société des Nations, dont leur Président demande la création, en vue de régler les litiges qui peuvent exister entre eux et les petits peuples dont les droits naturels et imprescriptibles viennent d'être violés par eux.

Mais les États-Unis peuvent-ils être passibles d'un verdict de culpabilité de la Société des Nations après avoir prêté leur concours pour vaincre l'Allemagne?

Je réponds que oui, pour la raison bien simple que les États-Unis sont intervenus dans la guerre parce que leurs intérêts étaient menacés par une Allemagne victorieuse, et non guidés par un sentiment d'ordre moral. D'ailleurs, leur intervention est d'ordre militaire, non politique.

Ils semblent même dans leurs déclarations ménager le peuple allemand, insinuant qu'ils ont des raisons de ne pas se brouiller trop profondément, puisqu'ils ont les mêmes aspirations économiques. Et s'il y a une influence étrangère qui a prédominé aux États-Unis au point de s'infiltrer dans toute la vie nationale de ce pays, c'est bien l'influence allemande.

Débarrassez-vous de votre Empereur, semblent-ils dire au peuple allemand, et nous nous entendrons après pour dominer commercialement et économiquement le monde.

Il est donc évident que le gouvernement de Washington ne s'est décidé à intervenir dans cette guerre libératrice qu'au moment où toutes les espérances d'échapper à ses conséquences fatales lui ont paru vaines.

Il faut que la foi de l'Allemagne dans le triomphe de ses sous-marins soit bien inébranlable pour qu'elle n'ait pas consenti à faire des concessions aux États-Unis sur les conditions de cette guerre, afin de conserver, au point culminant de la lutte, l'espoir d'une alliance avec ces États. Car cette coalition pour la défense du droit, de la liberté et de l'indépendance des peuples faibles doit peser lourdement sur les destinées futures de ces deux nations.

Sans l'entrecuidance excessive de l'Allemagne, M. Woodrow Wilson aurait donné le spectacle d'un homme d'État conduisant son peuple vers des menées qu'auraient réprouvées peut-être ses sentiments intimes, mais dont auraient certainement bénéficié ses intérêts matériels.

***

S'il nous a paru étrange que, pendant la lutte des nations libérales pour la liberté et la défense des droits des peuples faibles, le Cabinet de Washington se laissât aller à violer les droits naturels de certains peuples de cet hémisphère, nous n'en avons pas moins analysé les conditions d'existence du monde antérieurement à cette guerre, et nous avons trouvé la justification de cette conduite dans la nécessité pour tous les grands peuples d'assurer leur existence. Et toutes les amabilités du Cabinet de Washington à l'égard de l'Allemagne s'expliquent par ce fait qu'il avait le devoir de prendre des précautions en vue d'une victoire allemande qui aurait brisé pour longtemps l'équilibre du monde.

Mais quelles que soient aussi les craintes du Cabinet de Washington, il n'avait pas le droit de les manifester sous une forme quelconque au détriment d'aucun droit d'autrui.

Cette politique de M. W. Wilson a-t-elle l'approbation du peuple de tous les États-Unis? Non! Cette politique est celle d'un parti dont les adhérents ont été aveuglés par la prospérité matérielle du pays, et qui veulent donner des bases à cette prospérité au détriment de l'honneur démocratique des descendants de Lincoln.

Cependant, il n'a pas manqué d'hommes ayant le sens exact des réalités pour crier gare au Cabinet de Washington, afin de le détourner de sa politique de violence à l'égard de certains peuples de cette partie du monde. Nous qui écrivons ces lignes, nous sommes de ceux qui ont toujours considéré les États-Unis comme un peuple dont les ressources morales peuvent l'élever aux plus nobles aspirations. Mais pour son malheur, il se laisse dominer par des influences étrangères qui étouffent la voix généreuse des descendants de Lincoln et de John Brown!

***

Nous avons vécu longtemps dans l'incertitude. La France ayant pour ainsi dire négligé d'entretenir des relations suivies avec un pays qui a presque tous les éléments de sa civilisation, occupée qu'elle était à implanter cette civilisation dans les pays neufs qui lui appartiennent, nous avons donc mené une vie qui avait besoin, pour être parfaite, de l'amitié et de l'aide sincère de cette nation.

Cette amitié et cette aide sincère nous ayant fait défaut, des Haïtiens patriotes et de bonne foi, dont nous sommes, avaient cru que le seul moyen de tirer leur pays de l'impasse était de s'adresser à une autre nation, dont les institutions démocratiques, analogues à celles de la France, étaient la plus sûre garantie contre tout accaparement et contre toute violation du droit.

C'est pourquoi, à la veille de la grande guerre, nous avions cru devoir mettre nos concitoyens en garde contre tout jugement prématuré sur le compte de la diplomatie de

Washington, sur la politique de l'homme surtout qui nous a paru au premier abord comme un des cerveaux les plus puissants de ce siècle.

Mais nous fûmes déçus amèrement par la diplomatie à deux faces du Cabinet de Washington, inspirée par M. Wilson, président démocrate des États-Unis.

L'attitude du Cabinet de Washington et du président Wilson était presque indifférente au début de la grande guerre.

Et comment veut-on d'ailleurs qu'un gouvernement qui nourrissait déjà la pensée de violer les droits des peuples faibles de ce point du monde et de les maltraiter par ses sicaires pût se laisser affecter par la violation des droits de la Belgique et de la Serbie, et l'envahissement de ces pays par les puissances centrales, au point de protester dès l'exécution d'un pareil crime?

* * *

La grande guerre va libérer tous les peuples faibles de la terre des contraintes internationales. Les droits des nations libérales sont tellement égaux et confondus que nous pourrons, nous faible peuple, nous appuyer également sur leur assistance respective. Nous devons donc maintenant compter sur elles toutes, car il n'y a plus de sphère d'influence capable de porter atteinte à aucun intérêt national. Il n'y a donc plus de privilège à accorder à aucune puissance au détriment des autres.

« Ce que décidera irrévocablement cette guerre, a dit l'*illustre président Poincaré*, ce n'est pas seulement les destinées des nations qui y sont engagées, c'est tout l'avenir de la planète habitée par les hommes ».

En vérité, nous, petits peuples, nous aurions été voués éternellement à l'esclavage, à l'oppression, à l'avilissement et au mépris, sans l'intervention divine qui a donné son sens définitif à cette guerre mondiale en assujettissant complètement les dirigeants du monde à la volonté suprême des peuples. Désormais ce n'est plus aux gouvernements que les faibles s'adresseront pour le redressement des torts qui leur seront occasionnés par les forts ; mais bien aux peuples représentés par ce parlement international qui doit être composé des représentants de tous les peuples.

Donc, pour répondre aux nobles paroles de M. Poincaré, notre avenir d'hommes libres et indépendants est engagé dans cette lutte.

*
* *

Quels que soient les mauvais traitements dont les peuples faibles ont été l'objet antérieurement à cette guerre, ils doivent reconnaître en conscience que la lutte d'influence et de suprématie que se livraient entre-elles les grandes puissances en était la cause principale.

Les petits peuples n'ont pas leur raison d'être, il faut qu'ils gravitent dans l'orbite des grandes puissances; c'était la théorie d'avant guerre : ces paroles ont été dites par un Ministre des affaires étrangères de la plus puissante nation militaire du monde à un ambassadeur, et elles prouvent abondamment combien était exposée l'indépendance des petits peuples.

Il est donc avéré qu'il était question d'un partage des petits peuples faibles entre certaines grandes puissances à la veille de la grande guerre et que c'est peut-être à l'écroulement de cette combinaison diplomatique que nous devons plus tôt que nous le pensions la grande guerre.

Est-il donc étonnant que les États-Unis prennent des précautions et fassent valoir dans toute son ampleur la doctrine de Monroë qui signifie clairement le droit naturel des peuples de l'Amérique à se gouverner eux-mêmes ?

Ce n'est donc pas peut-être de gaîté de cœur que certaines nations libérales ont violé certains droits : elles y étaient obligées en présence des appétits insatiables de certaines grandes puissances. Mais quand, après la grande lutte qui se livre actuellement, les destinées du monde seront définitivement fixées, il n'y aura plus d'excuse à la violation d'aucun droit.

Les peuples faibles trouveront alors de la sécurité pour le libre développement de leur nationalité respective, et leurs juges seront les nations libérales qui ont été les premières à proclamer leur droit à la liberté et au libre développement de leurs institutions.

Après avoir reconnu des circonstances atténuantes à certains actes oppressifs de certains peuples forts contre les droits des faibles, on doit constater aussi que parmi ces peuples faibles il y en a dont la constitution politique était loin de s'harmoniser avec leurs propres intérêts immédiats et l'avenir international. Ce n'est pas qu'il ait manqué de Cassandres qui les invitaient à suivre une vie conforme à leurs intérêts nationaux ; mais des influences néfastes se sont introduites dans leur vie intérieure et les ont détournés de la vraie voie. Car chaque peuple recèle dans son sein des éléments de dissociation toujours prêts à éclore à la moindre occasion de gêne intérieure. Ces éléments hétérogènes n'ont jamais consulté l'intérêt national puisque la nature même de leur composition leur impose l'obligation de ruiner tout ce qu'une nation recèle de force native. Et c'est pour le plus grand malheur de ce peuple lorsqu'il est de plus un peuple faible et l'objet de la convoitise de grandes puissances.

Je ne prendrai pour exemple que mon pays, puisque tout ce que je puis écrire, ici, se rapporte à son indépendance et à sa liberté menacées.

Plus qu'aucun autre pays de l'Amérique, Haïti avait pour obligation d'adopter une politique extérieure des plus prévoyantes à l'égard des États-Unis ; et cela pour des raisons diverses : sa situation géographique, l'analogie politique, le nombre de noirs qui peuplent respectivement les deux pays, tout sollicitait la plus scrupuleuse attention des dirigeants d'Haïti vers ce pays, mais malheureusement ces dirigeants ne faisaient guère cas de la politique internationale. Ils se contentaient de vivre leur vie de splendide isolement. Ils restaient sourds aux avertissements et aux conseils qui étaient loin d'être intéressés. Ils se contentaient de se donner seulement, à l'instar des courtisanes, aux plus offrants, en faisant de leur Patrie l'enjeu d'infâmes marchés. C'est ainsi que le pays est arrivé à l'état de désagrégation sociale qu'il a atteint à la veille de l'occupation des États-Unis...

Les peuples ne sont pas différents, quelle que soit la latitude sous laquelle ils vivent. Les mêmes causes matérielles produisent nécessairement chez eux les mêmes effets moraux et sociaux. De même que la grande misère sous Calonne et le gaspillage des grands de la monarchie française ont enfanté la Révolution ; de même la profonde misère du peuple haïtien et les bombances de ses politiciens ont enfanté la funeste guerre sociale sous la forme politique de *Cacos*.

Cette lutte sociale a attiré outre mesure l'attention du gouvernement démocrate des États-Unis qui d'ailleurs attendait une occasion pour nous assujettir.

Une campagne, soudoyée par d'importants personnages qui avaient à cœur de se venger du procès de la consolidation, a été entreprise par quelques journaux des États-Unis, entre autres le *New York Herald*, et ne tendait à rien moins qu'à fausser et indisposer l'opinion publique de ce pays contre notre pauvre Patrie.

Le gouvernement de Washington s'est empressé d'envoyer des agents en Haïti pour se rendre compte de la situation intérieure de ce pays. Mais ces agents, soit qu'ils aient été mal renseignés sur la politique intérieure du pays, et aient par conséquent fait un rapport contraire à la réalité, soit qu'il ait été dans l'intention du Cabinet de Washington de ne pas tenir compte des griefs surtout *sociaux* de la masse haïtienne, ce Cabinet de Washington a procédé comme si les droits intangibles de ce pays étaient à la merci de la volonté arbitraire de n'importe quelle grande puissance. Cependant, un peu de patience, un peu de bonne foi eussent fait du peuple haïtien un des peuples les plus heureux de la terre par l'action impartiale du gouvernement de Washington.

Il n'a pas manqué d'Haïtiens de bonne foi qui ont fait des efforts pour éclairer le gouvernement de Washington sur la véritable situation du pays.

Celui qui écrit ces lignes a été arrêté et incarcéré pour son opinion politique le jour même qu'il venait d'avoir une entrevue avec un des agents des États-Unis à la légation de ce pays, le 20 juin 1914, pour essayer de le mettre au courant de la véritable situation du pays, en lui faisant sentir que la vraie raison des troubles en Haïti est d'ordre social plutôt que politique.

Qu'était-ce, en effet, que la révolution dite des Cacos, sinon la révolte du peuple contre les dirigeants prévaricateurs?

Cette masse si souvent trompée a voulu cette fois régler définitivement son compte avec ses dirigeants. De là sont venues ces éliminations successives qui auraient pour aboutissement la révélation des capacités politiques capables de panser nos plaies sociales.

Il est constant qu'aucune révolution, qu'elle soit politique ou sociale, faite en Haïti, ne l'a jamais été définitivement. Elle fut toujours arrêtée spontanément par ceux qui l'avaient engendrée en vue des jouissances faciles qu'offre toujours le pouvoir. Mais cette fois les révoltes successives des Cacos allaient mettre le pays sur une base solide de justice sociale par l'élimination successive de tous les éléments perturbateurs quand la présence insolite des hommes du Nord de l'Amérique arrêta prématurément cette révolution politique et sociale. Voilà pourquoi V. Hugo a pu dire que les crimes de lèse-peuple sont des crimes de lèse-Dieu. Il faut toujours que ces crimes-là s'expient. Car seuls les peuples en gestation politique et sociale peuvent en connaître les causes et par conséquent les remèdes à employer pour un enfantement conforme à leurs aspirations nationales.

Ce n'est donc pas à une nation étrangère quelconque qu'il appartient d'appliquer aucun système personnel de façon à contrarier ou à arrêter le développement naturel d'un autre peuple, car il y a des causes de perturbations politiques, sociales et économiques que seule l'âme nationale peut comprendre et résoudre.

Comment veut-on d'ailleurs qu'un parti qui a toujours été reconnu comme l'ennemi de notre race et qui a entrepris la guerre de Sécession contre l'honorable Lincoln pour maintenir alors dans l'esclavage 4 millions de nos congénères, comment veut-on qu'un pareil parti travaille à notre bonheur en nous indiquant avec sincérité les voies sûres de la prospérité, de l'indépendance politique et de la liberté?

Depuis notre indépendance, nous avons eu parfois à subir la pression de l'étranger, mais jamais nous ne connûmes de maître; donc, quelles que soient les avances du Cabinet démocrate de Washington, il faut, pour que nous puissions les accepter sans rougir, que nous nous sentions en fait libres et indépendants.

N'avoir que les apparences d'un état libre, sans disposer des droits essentiels qui caractérisent la souveraineté? Non, cela ne doit pas être, et il n'y a rien au monde qui puisse nous faire accroire que cela puisse être. Ou nous devons être libres intégralement, ou nous devons redevenir esclaves OFFICIELLEMENT. D'ailleurs, est-ce de notre faute si nous n'avons pas su faire un usage uniforme de la liberté quand d'autres peuples plus anciens donnent, au moment même où j'écris ces lignes, l'exemple le plus infâme de l'anarchie?

« Tant qu'un peuple n'est pas son maître, il souffre et « s'agite. Les prescriptions n'y peuvent rien, et même la « prospérité matérielle ne saurait endormir ses aspirations. « Un instinct naturel le pousse à préférer être même mal « gouverné, mais par lui-même, au bonheur d'être bien gou- « verné par un autre peuple ou par un maître... »

***

Nous disons que l'imprévoyance de nos hommes d'État est la cause principale de nos malheurs, et cette imprévoyance s'est manifestée dans l'ordre politique, économique, social et surtout international. Car ils auraient dû avoir le courage de poser au Cabinet de Washington cette question : « Voulez-vous que le pays reste en paix? Eh bien! donnez-lui des capitaux pour lui permettre de faire la réforme monétaire, intervenez surtout en sa faveur pour que la question de la Banque nationale d'Haïti soit réglée au mieux de ses intérêts par la révision du contrat ». Grâce à ce moyen, le bien-être matériel reviendrait et la paix serait assurée pour toujours. On m'objectera que l'état international d'avant guerre était une objection à l'adoption d'une pareille politique, qu'il faudrait faire la même offre à certaines autres puissances en tenant compte de leurs intérêts ; j'en conviens, mais en s'adressant en premier lieu au Cabinet de Washington, on aurait eu tout de suite sa confiance. Ce n'était pas à notre petit pays d'adopter une politique d'équilibre envers les grandes puissances, c'était au contraire à celles-ci de l'adopter à notre égard. Il fallait, par une offre faite fermement à une grande puissance, faire jouer la politique d'équilibre d'alors. De toutes façons il fallait, en cas de refus de Washington de nous donner les moyens d'avoir la paix sociale et politique chez nous, dénoncer sa conduite et prouver par là que ce gouvernement ne fait rien pour arrêter notre désagrégation. Alors, comment pourrait-il, par la suite, justifier aucun acte de violence à notre égard ? Nous savons bien que la politique d'équilibre d'avant guerre a été une cause de perturbation pour l'évolution des états faibles, car, comment veut-on qu'un état évolue quand il est sollicité en même temps par des intérêts contraires? Cette lutte d'influences étrangères suffit à paralyser son effort national. Mais nous devons en conscience reconnaître que la politique d'équilibre mondial est le plus ferme soutien de l'indépendance des états faibles. Car il va sans dire que nous devons l'occupation violente des États-Unis, ainsi que certains autres petits peuples de l'Amérique, à la rupture de cet équilibre par la déclaration de guerre de l'Allemagne. Mais si la grande guerre a rompu l'équilibre du monde, ce n'est que momentanément, car le monde sera replacé au contraire dans une assiette plus conforme aux intérêts respectifs des peuples forts ou faibles (1).

***

En faisant des ouvertures sincères au Cabinet de Washington, dès la première heure de notre détresse, qui sait si celui-ci n'eût pas rompu cet équilibre pour soulager cette détresse sur laquelle d'autres spéculaient, et nous eût empêchés, par conséquent, d'atteindre ce dernier quart d'heure de désagrégation qui nous a valu l'intervention violente de ce gouvernement? Ainsi donc tous les hommes d'État haïtiens qui ont eu le pouvoir depuis la mort de Leconte jusqu'à l'avènement de Vilburn Guillaume Sam au pouvoir suprême sont plus responsables des malheurs de la Patrie que ses dirigeants précédents.

Le général Nord Alexis, le plus grand patriote que le pays

(1) Après un an d'intervalle j'ai eu le bonheur de lire ces lignes, d'un remarquable correspondant du *Temps*, signé H qui confirme ma pensée. La révolution russe est loin d'être terminée : *C'est l'abcès* du tzarisme qui a crevé, il faut que toute la pourriture accumulée par les siècles d'oppression et de servitude de tout un peuple semi-asiatique sorte pour que l'âme russe se transforme dans de dures épreuves sous l'action du soleil.

ait jamais eu depuis les anciens fondateurs de l'Indépendance, a relevé un moment le drapeau national que son prédécesseur avait laissé choir dans la honte. On sait ce qu'il advint de ce régime d'inconscience nationale qui a compromis tout ce qui constituait la réserve précieuse de la nation... On sait aussi dans quelles conditions Cincinnatus Leconte a pris le pouvoir au lendemain d'un autre régime que, seules, la mauvaise foi et la cupidité ont pu donner au pays.

Çependant Leconte, qui avait paru un moment comme un faux patriote pour avoir participé aux dérèglements d'un de ces gouvernements néfastes au pays, s'est révélé un homme d'État de premier ordre. Il prêcha l'économie, il tenta de réorganiser nos finances, organisa notre armée et la mit sur un pied véritablement convenable pour la dignité nationale. Il constitua une réserve d'or pour parer aux événements imprévus et il travailla à donner à notre gourde la valeur du dollar américain, afin de rendre impossible l'exécution des fameux contrats que son prédécesseur lui avait légués. Le peuple commença à être heureux et se sentit gouverné avec justice : voilà l'homme qu'on culbuta dans une de ces nuits terribles dont le pays gardera un souvenir éternel. Le peuple qui peinait ne se doutait pas que le pays venait de perdre, pour longtemps, son suprême espoir, et qu'il allait être de nouveau livré aux factieux...

On n'entendra plus que la voix des passions, de la cupidité et de l'ambition. Et le peuple, dont la misère redevenait plus grande à mesure que se prolongeaient les luttes intestines, demandait constamment un sauveur, qui pût donner au pays la stabilité sociale à laquelle il avait droit.

Cependant Tancrède Auguste qui succéda à Leconte était considéré comme un des hommes d'État les plus énergiques du pays, mais il se montra indécis dès le début de son gouvernement ; il semblait qu'il fût absorbé par le souvenir de la catastrophe qui l'amena prématurément au pouvoir. Et une maladie, pour bien des gens mystérieuse, est venue mettre fin à ses jours. Il n'y a pas de doute que Tancrède

Auguste n'eût continué l'œuvre de Leconte dans la mesure de sa capacité gouvernementale.

Tancrède Auguste mort, Michel-Oreste lui succéda. L'élection de chef d'État coûta au pays plus de 120 000 dollars, valeur plus que suffisante pour la création d'une Banque de crédit foncier et agricole ; nous rappelons qu'après le coup d'État de Louis-Bonaparte en 1852, le Crédit foncier de France fut fondé avec un capital de 500 000 francs. Ce Crédit roule maintenant sur plus de 3 milliards de francs.

La confiance publique fut ébranlée par ce coup d'arrêté de crédit supplémentaire d'une valeur aussi importante, à un moment surtout où la misère battait son plein. Ceux qui fondèrent leur espoir en l'illustre tribun haïtien furent déçus ; la confiance publique s'ébranla ; le change monta d'un coup et la cherté de la vie augmenta en conséquence. Les convoitises du pouvoir s'aggravèrent quand les politiciens surent que cette valeur de 120 000 dollars avait été partagée entre les membres du parlement, les ministres et les autorités militaires qui avaient contribué à l'élection du fameux tribun à la présidence d'Haïti.

Des mesures financières achevèrent d'aggraver la situation économique et sociale du pays au lieu de l'améliorer.

On était à la veille des élections législatives. Le pays se préparait à envoyer au Parlement des représentants dignes de lui. Michel-Oreste, l'homme qui avait défendu toute sa vie les libertés publiques, ne trouva rien de mieux que d'opposer à des concitoyens de haute valeur morale un tas de stipendiés et d'immoraux qu'il fit élire de force en violation de toutes les libertés publiques.

N'est-il pas étrange qu'une chambre élue dans de telles conditions, et dont le pouvoir est périmé plus d'une fois par des révolutions protestant contre son élection, soit appelée à voter une convention affectant l'indépendance du pays ?

Cette chambre néfaste eut à élire en moins de deux ans quatre chefs d'État.

Les procédés de gouvernement de Michel-Oreste révoltèrent le pays et l'augmentation de la cherté de la vie l'exaspéra. Le peuple, ne trouvant pas encore le sauveur qu'il cherchait, culbuta Michel-Oreste du pouvoir.

Cette fois les revendications populaires revêtirent un caractère plus âpre. Les Cacos, nouveaux Accaou, demandèrent la vie à bon marché ; et ils savaient que c'était possible avec un peu de bonne foi et de désintéressement.

De nombreux citoyens haïtiens dont nous sommes, qui, eux, forment partie de l'élite morale du pays, pris de pitié en présence de cette détresse nationale, s'empressèrent d'accorder leur sympathie à l'homme qui, par son origine démocratique et sa modestie toute paternelle, leur paraissait personnifier les aspirations et les revendications populaires et leur semblait destiné à venger la masse haïtienne de l'injustice sociale dont elle est l'objet depuis tant d'années. S'ils s'étaient trompés, ils le furent de bonne foi, et rien ne prouve qu'ils s'étaient trompés et que le résultat qu'ils espèrent ne fût au bénéfice réel du peuple, si les hommes du passé, ceux-là surtout qui ont pris part à toutes les turpitudes qui ont amené la dégénérescence politique, économique et sociale du pays, ne s'étaient hâtés de faire le coup d'état des Gonaïves, pour empêcher le triomphe définitif de la cause populaire.

*
* *

Ce coup d'état a ouvert la période la plus critique de l'histoire politique, sociale et internationale d'Haïti, car il a eu pour aboutissement l'occupation violente de la République par une nation étrangère avec laquelle le pays n'était pas en guerre, et contre laquelle il n'avait aucun grief.

Ce coup d'État ne pouvait ne pas être fait, car le programme de la révolution de Ouanaminthe était trop plein de revendications et comportait surtout, comme principal objet, le procès des assassins de Leconte ; la vie à bon marché par l'émission d'une bonne monnaie ou la garantie du papier-monnaie par un stock d'or ; enfin le triomphe définitif de la démocratie par l'abolition de toutes les inégalités politiques, économiques et sociales. Les hommes du passé se montrèrent effrayés. Ils s'organisèrent, firent une collecte et envoyèrent auprès du malheureux Zamor des émissaires qui avaient pour mission de vaincre par la perfidie sa fidélité à la révolution.

Mais si Oreste Zamor avait des aspirations, il les avait bien subordonnées au triomphe de la candidature de Dovilmar Théodore, car un homme digne de foi m'a révélé ces paroles d'Oreste Zamor : « Je suis encore jeune, certains hommes de Port-au-Prince me forcent à poser ma candidature à la Présidence. Je suis pourtant en faveur de la candidature d'un homme plus âgé que moi. » Cet ami croyait que c'était de Fouchard que Zamor parlait. Je lui dis : Non, je connais le vieux dont il parle et je vous dirai son nom plus tard. Ce qui vient d'être dit est d'autant plus vrai qu'à une de ses visites à la prison de Port-au-Prince où j'étais, j'ai entendu dire par M. Charles Zamor que son frère n'était pas son candidat à la Présidence. Ce qui prouve surabondamment que le malheureux Zamor n'était pas candidat, car comment veut-on qu'il fût candidat alors que son frère avec lequel il vivait en parfait accord n'était pas avec lui.

J'écris ces pages au moment où on célèbre, par une messe de requiem, le troisième anniversaire des massacres de la prison, par l'ordre de Vilburn Guillaume Sam. C'est pour moi l'occasion de dire qu'Oreste Zamor fut d'une grande noblesse d'âme, mais il n'avait pas une base d'éducation assez forte pour lui permettre de s'élever au-dessus des passions et des ambitions de certains de ces concitoyens.

De ce qui vient d'être dit il ressort clairement que les hommes responsables du passé avaient un intérêt évident à détourner la révolution de Ouanaminthe de son but initial en la désagrégeant. Ils y parvinrent. Et le pays connaît les instigateurs. L'heure de l'expiation sonnera bientôt.

Le coup d'état accompli, Oreste Zamor prit la route de Port-au-Prince et Dovilmar Théodore reprit celle de Ouanaminthe. Oreste Zamor, qui n'était pas le candidat du peuple, fut reçu froidement à la capitale. Les députés et sénateurs hésitèrent à se réunir pour n'avoir pas à sanctionner ce crime. Ils furent recherchés partout. On leur fit des promesses et ils cédèrent. Oreste Zamor s'installa au Palais National, non pas comme un chef d'État, mais comme chef de bande. Il fut reconnu cependant après par le gouvernement des États-Unis, ce qui lui permit de mettre la République au pillage une année près.

Le pays, déjà affaibli par des luttes politiques et surtout par les mesures financières désastreuses des gouvernements précédents, allait être plongé dans la plus profonde misère.

C'est sous le gouvernement d'Oreste Zamor que la guerre européenne, le plus grand de tous les événements, a commencé. Beaucoup de patriotes haïtiens étaient alors en prison. Celui qui écrit ces lignes a protesté ouvertement contre la déclaration de la neutralité d'Haïti, sachant qu'avec l'appui de l'Angleterre qui a l'empire des mers non seulement les Alliés de l'Entente triompheraient, mais qu'Haïti n'aurait à redouter, au cours de cette guerre, aucune action directe de l'Allemagne; et que ce serait l'occasion pour elle de se venger des humiliations subies d'elle. Il a trouvé étrange que, pendant un pareil événement, le gouvernement d'Oreste Zamor ait pu continuer sa politique de violence, en conservant en prison des patriotes qui auraient pu suggérer à son gouvernement de hautes idées de rénovation nationale. Car il est évident que si la République d'Haïti avait déclaré la guerre à l'Allemagne, ce gouvernement serait en droit de demander aux Alliés leur concours qu'ils ne lui refuseraient pas et avec ce concours de toutes sortes des Alliés donné au gouvernement de Zamor, les révolutionnaires auraient mis forcément bas les armes, ou volontairement, car ils seraient assez perspicaces pour découvrir le vaste horizon qui s'ouvrirait pour leur Patrie qui se serait faite, dès la première heure, l'alliée de puissantes nations civilisées.

Mais les hommes du gouvernement de Zamor pouvaient-ils s'élever à une si haute conception nationale, occupés qu'ils étaient à jouir et à maltraiter leurs concitoyens? Auraient-ils le courage de faire table rase de la vieille politique d'équilibre en présence de l'arrogance allemande et de sa certitude de la victoire définitive? N'était-il pas au contraire question sous ce gouvernement, pour répondre à la nécessité de cette politique d'équilibre, de partager notre pauvre Patrie en plusieurs zones d'influences économiques étrangères par le partage de nos douanes entre plusieurs grandes puissances?

***

Après le coup d'état des Gonaïves, Dovilmar Théodore mit tout son orgueil à triompher des félons de la révolution en acceptant des alliances qui étaient le contre-sens du programme de la révolution de Ouanaminthe. Car il ne s'agissait plus alors de sauver la république, mais de se venger afin de sauver sa propre tête; et cette vengeance lui coûta cher.

Ce fut douze mois de lutte; plus de vingt millions de gourdes gaspillées; des fusillades, l'emprisonnement de ceux qui défendaient les aspirations du peuple; le pays affaibli au point de ne pouvoir attendre aucune réforme profonde.

Dovilmar Théodore triompha, mais ce fut au prix de l'épuisement complet du pays. Et les partisans de Zamor qui avaient la sympathie des États-Unis et l'appui des Allemands ont tout fait pour ne laisser aucun espoir de salut au gouvernement de Dovilmar Théodore. La Banque nationale lui ferma ses portes; une valeur de 500 000 dollars en dépôt à cette Banque pour la réforme monétaire fut transportée par un bateau de guerre des Etats-Unis à New-York. On lui ferma toutes les voies. Et Dovilmar Théodore, homme faible, dominé plutôt par le sentiment, n'a pas su frapper de ces coups qui ressuscitent un pays...

Épuisé à son tour par des tiraillements politiques que son caractère ne lui permettait pas de dominer par la violence, il se laissa choir.

Des hommes indignes, de vulgaires ambitieux exploitant toujours l'ingénuité de la masse qui continuait à demander à grands cris la vie à bon marché, s'empressèrent de s'offrir et vinrent placer au pouvoir le fameux Vilburn Guillaume Sam.

La conspiration politique qui renversa à son tour Vilburn Guillaume Sam du pouvoir coûta cher au pays, mais elle fut salutaire ; car cette élection fut un des gestes les plus malheureux de la République. Cet homme ayant appartenu à un passé odieux, et dont il fut un des acteurs les plus puissants, ayant été humilié en 1902 et 1904, nourrissant constamment des idées de haine et de représailles politiques, ne manquerait pas, si son pouvoir était raffermi par l'aide du gouvernement de Washington — comme il en était d'ailleurs question — de faire de la République d'Haïti un champ de carnage...

Rosalvo Bobo, homme jeune, instruit, plein d'ardeur et de sentiments d'humanité, vibrant de patriotisme, nourrissant le rêve d'être le régénérateur de son pays, tenta de recueillir la succession de Vilburn Guillaume Sam, mais il buta contre l'intervention de Washington qui n'a pas permis une nouvelle consultation nationale, pourtant si nécessaire après tant de secousses politiques. On lui préféra un politicien de carrière.

L'élection présidentielle eut lieu malgré la protestation des hommes sensés du pays qui ont compris que rien de solide ne pouvait être établi avec les anciens éléments du passé. Mais Washington était pressé d'étendre son ombre sur la République de *nègres* des Antilles et de l'enserrer de ses ailes d'oiseau de proie.

***

Le gouvernement des États-Unis est donc intervenu en Haïti à un moment où ce pays se trouvait à un tournant décisif de son histoire. Vilburn Guillaume Sam représentait le dernier vestige du passé, et avec lui allaient disparaître tous les suppôts de l'ancien système quand l'intervention imposa l'élection d'un chef d'État.

Un chef d'État issu d'une chambre qui était loin d'être l'expression de la volonté nationale et dont la personnalité politique était presque ignorée du public haïtien ne pouvait pas être favorablement accueilli par le pays. Ce ne pouvait être d'ailleurs que l'expression de tout ce que le passé avait de malheureux. Et ce fut la cause de tous les tiraillements qui survinrent à la suite de l'occupation et dont le résultat a été une suite de coups d'état qui ont changé toutes les institutions fondamentales de la République d'Haïti. Donc depuis lors, ce pays vit sous le régime de la dictature derrière laquelle se cache le Cabinet de Washington. Et la raison puissante de cette élection se trouve dans l'intérêt qu'a le gouvernement de Washington de nous ravaler, afin de prouver aux autres grandes puissances que nous sommes incapables de nous élever par notre propre action à la hauteur du self-government.

La diplomatie des États-Unis a toujours été d'affaiblir les peuples qui sont leurs voisins immédiats en entretenant dans leur sein des germes de troubles nationaux et en contrariant les actes de leurs hommes d'État qui leur paraissent capables par des actes énergiques d'asseoir leur pays sur les bases solides de la prospérité et de l'ordre, conditions indispensables de l'évolution des peuples. C'est la façon de montrer à l'Europe que sans leur intervention la vie politique, économique et sociale de ces peuples est impossible. Mais nous espérons que ce jeu sera découvert par les hommes d'État de l'Europe, s'il ne l'est déjà.

Les États-Unis sont intervenus chez nous sans aucun droit, sans être appelés par aucun parti politique organisé, ni par aucun gouvernement officiel. Ils ont occupé notre pays et nous ont imposé une convention pendant cette occupation. Que diront les grandes puissances? Nous n'en savons rien. Mais ce que nous savons pertinemment, c'est que, malgré les services rendus par les États-Unis à la cause des Alliés de l'Entente, notre pays ne peut être l'enjeu d'aucune combinaison diplomatique, malgré l'infériorité de notre race. Car il y a une thèse des peuples inférieurs et des races supérieures dont la grande guerre a commencé à saper le fondement et qui ne tardera pas à s'écrouler avec fracas et au détriment de bien des peuples et des races prétendus supérieurs.

***

Maintenant nous dirons, puisqu'une intervention des États-Unis était arrêtée et convenue, pourquoi ne s'était-elle donc pas produite lors du coup d'État des Gonaïves, alors que Dovilmar Théodore avait repris la route de Ouanaminthe et Oreste Zamor, traitre à la Révolution, pris celle de Port-au-Prince? C'est qu'alors le pays n'était pas complètement épuisé et que la guerre européenne n'avait pas été encore déclarée.

Le gouvernement des États-Unis s'est montré partial en reconnaissant le gouvernement usurpateur de Zamor. Et, s'il lui avait dit : « Je ne puis vous reconnaître, car vous ne représentez qu'une partie de la révolution, l'autre est encore debout et représentée par votre adversaire Dovilmar Théodore. Vainquez-le et rétablissez la paix complètement chez vous ; alors je vous reconnaîtrai et vous donnerai mon appui, » le gouvernement usurpateur de Zamor n'aurait pas tenu un mois après ce langage de Washington. Notre pauvre pays n'aurait pas souffert d'une terrible lutte intestine qui a duré près d'un an, qui lui a coûté plus de vingt millions et qui l'a épuisé profondément. Il va sans dire que les autres grandes puissances, par déférence pour le Cabinet de Washington, auraient suivi son geste en refusant de même de reconnaître le gouvernement de Zamor, sauf peut-être l'Allemagne qui n'a jamais reconnu implicitement la doctrine de Monroë, et dont la diplomatie tenait à faire échec à celle des autres puissances.

*
* *

L'intervention des États-Unis est loin donc d'être sincère, car, si elle l'était, son premier geste serait de consulter le peuple haïtien sous l'égide d'un gouvernement provisoire; et j'ose même dire qu'ils auraient dû placer un agent en Haïti qui aurait pour mission d'étudier les causes de notre désagrégation politique et sociale, et présider purement et simplement à la réorganisation des pouvoirs publics avec des éléments sains et nouveaux. Mais au contraire, ce sont les hommes qui précisément personnifiaient le passé de toutes les injustices sociales qui ont eu à édifier, avec l'appui des baïonnettes de l'occupation, un nouveau gouvernement, et par ce fait l'élite morale de la nation se trouve une fois de plus éliminée. Et cependant cette élite *morale* qui a lutté si longtemps pour la stabilité du pays existe plus que jamais, et elle compte des cerveaux assez puissants pour réorganiser le pays sur des bases *essentiellement nationales en tirant ses ressources de la vitalité inépuisable du peuple des montagnes merveilleuses d'Haïti*. Et qui donc se permettrait de nous condamner irrémissiblement ? Notre seul crime est d'être une nation répudiée de toutes les autres, comme si c'était une insulte faite à elles toutes, en arborant notre drapeau national de peuple noir libre et indépendant. Car quels sont les points d'appui qu'une puissance étrangère nous a jamais donnés; quelle est l'aide sincère qu'elle nous a jamais offerte; quels sont les conseils, quelles sont les consolations qu'elle nous a jamais prodigués ? Dans notre détresse, nous fûmes toujours livrés à nous-mêmes; en proie aux sarcasmes, à la raillerie, tout en cherchant péniblement notre voie de salut. Cette aide sincère pour nous permettre de nous élever par notre propre action, l'aurons-nous, ou devons-nous être toujours tributaires, comme le sont d'ailleurs tous ceux qui appartiennent à notre race? C'est la question que nous venons poser aux hommes d'État des puissances libérales qui ont pris l'engagement d'affranchir le monde du régime de la force et de la violence partout dans le monde. Et, comme l'a fort bien dit un illustre italien : « Un souffle de vie nouvelle agite le monde. Des frissons précurseurs d'une grande crise sociale et humaine s'unissent et se confondent avec le frémissement et les plaintes des peuples entraînés dans l'énorme conflit ; et à travers les nuages déchirés par l'explosion des obus infernaux, on peut déjà entrevoir de nouveaux horizons ; les premiers rejetons des verts printemps sociaux que la lutte titanique a réchauffés et a faits éclore au soleil de ce troisième fatidique printemps, seront en même temps la fleur et le fruit — le symbole et la réalité, la palme de la victoire et la branche d'olivier de paix des *peuples et des races.* » Je souligne à dessein ces derniers mots. C'est donc vers la réconciliation et la conciliation universelles que le monde marche ; la réciprocité de l'amour et des intérêts. Et c'est à cette heure que notre pauvre Patrie serait l'objet de la plus injuste violence !

Maintenant nous demandons à M. Wilson : Quel est le crime que notre malheureux pays a commis pour se voir privé de la direction effective de sa destinée ?

Emmanuel Kant a dit :

Aucun état ne doit s'immiscer dans la constitution et le gouvernement d'un autre état. Par qui peut-il en effet y être autorisé ? Serait-ce par le scandale que cet état donne aux sujets d'un autre état? Nullement : bien au contraire, l'exemple des grands maux qu'un peuple s'est attirés par son absence de règles peut servir de leçon, et en général le mauvais exemple que donne une personne libre à une autre personne ne lèse pas celle-ci.

Un peuple libre et indépendant doit pouvoir vaincre tous les obstacles qui s'opposent à la réalisation de son bien-être et de ses aspirations nationales. Il n'est donc permis à aucun autre de le contrarier pendant sa gestation, sous le prétexte que ses actes ne sont pas en accord avec les intérêts ou les droits essentiels de cet autre peuple. C'est un piètre homme d'État que celui qui condamne les révolutions intérieures. Il y en a pourtant qui, tout en condamnant les révolutions chez les peuples faibles, font appel à la volonté et à la liberté des grands peuples en vue de débarrasser l'humanité des tyrans qui l'oppriment, impuissants qu'ils sont à intervenir par la force des armes chez ces grands peuples. C'est donc une nécessité pour un petit comme pour un grand peuple de faire des révolutions intérieures quand elles sont nécessaires pour les débarrasser d'un régime qui est en retard sur son époque et qui, par conséquent, paralyse l'évolution générale de l'humanité.

S'inspirant des doctrines d'Emmanuel Kant, M. Wilson a proposé la paix perpétuelle entre les nations dans sa demande aux Alliés de l'Entente et à l'Allemagne de leurs buts de guerre. Nous étions sur le point de battre des mains et de nous proclamer grand prophète pour avoir été peut-être le premier à avoir l'honneur de traiter M. Wilson de philosophe humanitaire dans une lettre adressée à un rédacteur au « Matin » de Port-au-Prince, à l'occasion du fameux discours qu'il a prononcé à Mobile, lorsque ce rédacteur, critiquant ce discours, a parlé de l'ombre *américaine* qui s'étend sur les petits peuples de cet hémisphère. Mais M. Wilson, dont les idées changent au gré des intérêts matériels de son pays, et qui peut-être professe à la fois deux morales politiques et internationales, vient nous parler aujourd'hui du droit qu'a un peuple de procurer à un autre, en occupant son territoire, des chances de développement et de liberté. Cela prouve clairement que M. Wilson admet la continuation de l'exercice du droit de conquête, et de l'oppression des faibles par les forts. Cependant aucun principe de droit international et privé n'admet le changement de mains d'un pays quelconque libre et indépendant pour la seule raison que ce pays a besoin d'un plus grand développement. Parti de ce principe de M. Wilson, il serait facile à n'importe quel grand peuple de s'emparer d'un pays au moindre signe de fléchissement dans son régime politique, économique et social. Le monde ne serait donc jamais en repos. Non, M. Wilson, votre principe est faux et relève purement et simplement de l'ancien monde qui s'effondre actuellement. Il cache les desseins que votre diplomatie nourrit contre la vie indépendante des peuples qui avoisinent votre grand et puissant État. Nous le répudions et nous voulons croire aussi que tous les hommes d'Etat des *nations libérales* le répudient comme une cause éternelle de perturbation internationale. C'est l'occasion pour nous de répéter les paroles de lord Asquith : « Il ne faut pas qu'a- « près cette grande lutte il existe dans le monde aucun germe « de trouble international ». Et que serait-ce si une nation avait le droit de s'introduire à tout bout de champ dans la vie d'une autre pour lui imposer sa façon de voir ?...

Et nous admettons que les nations qui luttent pour la liberté et le droit auraient forfait à l'honneur en manquant à leur promesse, c'est-à-dire en permettant la domination de certains peuples sur certains autres, ou pour mieux dire en imposant à certains peuples faibles une direction politique, ce ne pourra être que dans le sens de l'idéal de ces peuples, afin d'éviter le plus possible de les froisser dans leur orgueil national, leurs traditions, leurs mœurs, leur langue et leur religion. Et nous admettons encore qu'une tutelle soit imposée à certains peuples, — même après le triomphe des nations libérales qui luttent pour leur libération et leur libre développement politique, — cette tutelle ne peut s'établir que de concert entre toutes ces nations libérales, et par la nation dont les institutions politiques, les mœurs, la langue et en un mot la civilisation est la plus rapprochée du peuple dont l'éducation politique laisse à désirer; c'est cette nation qui doit être désignée par la nature même des choses pour le diriger selon ses aspirations. Car il ne faut pas qu'aucune tutelle soit imposée dans le sens des intérêts d'aucune nation, comme pour façonner le peuple dont l'éducation politique est à parfaire à des intérêts immédiats et à des mœurs politiques et sociales en violation de son droit naturel de vivre la vie civilisée qui lui paraît la plus propre à ses instincts. C'est pour n'avoir pas voulu observer ces hautes considérations de politique internationale que l'Allemagne a pu déchaîner contre elle presque le monde entier.

Il va sans dire qu'au triomphe des puissances libérales l'équilibre du monde sera rompu au préjudice des nations dites Centrales, mais cet équilibre ne saurait être rompu au détriment d'aucune des puissances libérales au point de voir l'une d'entre elles chercher à anéantir l'influence civilisatrice de l'autre en occupant ou voulant occuper un pays où cette influence civilisatrice s'est déjà implantée.

Les peuples qui sont encore dominés et les peuples indépendants dont l'éducation politique est à parfaire doivent être dirigés de telle façon que, si un de ces peuples atteint un degré d'éducation politique tel qu'il puisse se passer du concours d'une puissance tutélaire quelconque, il faut que tout ce que ce peuple a acquis de civilisation soit, dans la mesure du possible, dû à son fonds propre.

Tout ce que nous venons d'admettre n'est d'ailleurs que pure hypothèse, car il vaut mieux que les petits comme les grands peuples cherchent eux-mêmes leur voie au prix de tous les revers possibles, intérieurs et extérieurs.

*
* *

Notre existence de peuple libre et indépendant date d'un siècle. Ce n'est pas en un si court espace de temps que peut se former la conscience nationale d'un peuple.

La grande Allemagne n'a vu sa conscience nationale se former qu'après le revers d'Iéna.

La France, qui est aujourd'hui la plus puissante nation morale du monde, a pris des siècles avant de bien comprendre l'idée de Patrie. Elle est restée jusqu'à Richelieu avec des notions imprécises de patriotisme.

Lincoln, poursuivant la guerre de Sécession à outrance jusqu'à l'épuisement du peuple des États-Unis, a résolu le problème de l'unité politique de ces États. Donc le droit qu'a tout peuple de vivre sa vie est un droit absolu que les nations libérales qui luttent maintenant pour le droit intégral ont pour obligation de faire respecter même par l'usage du canon. Car, comme l'a fort bien dit le grand philosophe français : Le canon est le serviteur de la pensée.

Nous attendons donc avec sérénité le jour où le droit universel sera, selon la noble expression de M. Viviani, implanté dans le monde. C'est, je crois, le même M. Viviani qui a dit aussi qu'il n'y a pas de fatalité historique qui ne puisse être redressée par le courage et la volonté.

*
* *

« Que les diverses nations, dit M. Wilson, adoptent la doc-
« trine du président Monroë comme la doctrine du monde :
« qu'aucune nation ne cherche à imposer sa politique à un
« autre pays, mais que chaque peuple soit laissé libre de
« fixer lui-même sa politique personnelle, de choisir sa vie
« propre vers son développement, et cela sans que rien le
« gêne, le moleste ou l'effraie, et de façon qu'on voie le petit
« marcher côte à côte avec le grand et le puissant. »

Nous avons tellement bien compris la doctrine de Monroë que nous avons intitulé une brochure que nous avons écrite en 1901 : « La doctrine de Monroë ou le droit naturel des peuples ». Nous n'avons donc pas attendu que M. Wilson proposât de faire de la doctrine de Monroë la doctrine du monde pour l'interpréter dans le sens le plus absolu de l'indépendance respective des peuples, et j'ose même dire des continents. Le président de l'Uruguay vient de proposer que tout pays américain qui, en défense de ses droits, se trouve en état de guerre avec une nation d'un autre continent, ne sera pas considéré comme belligérant.

La doctrine de Monroë, dans le sens de son application aux autres peuples du continent américain, doit être fondée sur l'intérêt qu'ont tous les peuples américains de conserver intactes leur liberté et leur indépendance respectives, de façon qu'aucun droit particulier d'aucun peuple américain, quelque puissant que soit ce peuple, ne puisse prévaloir contre aucun autre. De cette façon, l'existence de ce continent sera assurée d'une façon collective, sur un pied d'égalité absolue. C'est d'ailleurs ce que j'avais pensé lorsque j'écrivais dans ma brochure de 1901 les pages suivantes qu'on me permettra de reproduire : « L'équilibre américain « est bien établi ; il suffit seulement de le sauvegarder en « formant un congrès pour déterminer les droits respectifs. « Tous les peuples de l'Amérique ont des aspirations qui « leur sont personnelles et qui ne peuvent être satisfaites « que par leurs propres actions respectives. Et, en vertu « même du principe de Monroë, ils auraient le droit d'en « appeler à la raison et à la justice humaines, si les États-« Unis du Nord, par un amour insensé de conquête, devaient « porter atteinte à leurs droits. Nous croyons avoir déjà dit « que l'Europe est impuissante à s'opposer aux vues des « États-Unis sur quelque terrain que ce soit, mais il ne doit « pas être dit pour cela que le bon vouloir doit être la seule « règle de leur conduite. Cette grande nation possède dans « son sein trop d'hommes de valeur, tant au point de vue

« politique que philosophique, pour ne pas comprendre qu'il « y a une borne à la gloire. Et, en admettant même qu'elle « devrait franchir cette borne pour donner libre cours à son « ambition, il ne sera pas dit non plus qu'elle ne trouverait « jamais sur son chemin que des fleurs à cueillir et des « lauriers à recueillir. »

« Car le jour où les Républiques hispano-américaines « prendront au sérieux leur rôle, elles seront à même « d'opposer une borne à toute velléité de conquête de la « part des États-Unis, si toutefois de pareilles éventualités « devaient se produire. Mais les États-Unis ne donneront « jamais à l'Europe un tel spectacle, pour peu que ce pays « soit toujours gouverné par des hommes semblables par « leur jugement, leur profondeur de vues, à ceux qui le « gouvernent en ce moment. (1902).

« Car c'eût été l'occasion pour quelques peuples de « l'Europe d'intervenir isolément en Amérique, et de faire « subir à la puissance des États-Unis un échec peut-être « irréparable. Quoi qu'il en soit, on persiste toujours à prêter « à ce peuple des idées de conquête que malheureusement il « n'a que trop justifiées par ses publicités et par ses ten- « dances agressives contre l'indépendance de certains « peuples de l'Amérique. La doctrine de Monroë, dit-on, « implique l'idée de conquête sous la forme d'une protec- « tion désintéressée. En ce cas le devoir des peuples qui « habitent collectivement l'Amérique avec les Etats-Unis « est d'interpréter cette doctrine dans le sens de leurs « nationalités respectives. M. Monroë n'a point du tout éta- « bli sa doctrine dans un sens exclusif, car pour être citoyen « des Etats-Unis il ne cesse pas d'appartenir au continent « américain ; et, en posant son grand principe : L'Amé- « rique aux Américains, il a certainement entendu par là : « Le continent américain aux peuples de l'Amérique. Et « c'est ainsi que le comprennent les hommes d'État sérieux « des États-Unis.

« Dans une telle vue, tous les peuples de l'Amérique se

« trouvent dans l'obligation d'adhérer à cette doctrine qui « est la sauvegarde même de leur indépendance respective. « Donc le sens naturel de la doctrine de Monroë est : Les « Etats-Unis aux habitants des Etats-Unis ; le Mexique aux « habitants du Mexique et Haïti aux Haïtiens, etc., etc.

. . . .

« La doctrine de Monroë ne rejette pas cependant l'idée « de toute association politique entre les peuples de l'Amé- « rique en vue du développement de leurs intérêts collectifs. « Au contraire, le principe même de cette doctrine implique « l'idée d'une vaste combinaison politique et commerciale « qu'il serait aisé de former si les Etats-Unis n'avaient pas « inspiré une sorte de terreur même aux plus optimistes, « par leur velléité de conquête. Leurs journaux parlent « insolemment de la conquête des Antilles ; de l'occupation « des points stratégiques de l'Amérique, comme si, pour une « défense commune, tous les peuples de l'Amérique n'étaient « pas capables d'action. Et il y en a qui sont maintenant « dans un état d'infériorité assez notoire pour n'en pouvoir « attendre aucun concours efficace, mais il suffit de les « encourager par des conseils pour les voir après se réveil- « ler de leur léthargie et devenir des peuples sérieux. C'est « bien là le rôle des Etats-Unis : celui de donner des con- « seils de sagesse, de prudence et de patriotisme aux autres « peuples de l'Amérique, au lieu de les insulter à tout bout « de champ, et de songer à en faire des pendants à leur « puissance déjà trop énorme. C'est donc sur le terrain éco- « nomique que les États-Unis doivent songer à étendre leur « puissance. Ils n'ont qu'à le vouloir pour faire du continent « américain tout entier leur marché exclusif. Les États-Unis « n'ont rien à perdre et tout à gagner par l'extension paci- « fique de leurs intérêts économiques, ce qui pourra facile- « ment s'obtenir par des concessions mutuelles. L'empire « des États-Unis est presque aussi vaste que l'Europe, « qu'ont-ils besoin encore d'étendre leur territoire ? Ils « auraient dû avoir pour mission au contraire de défendre

« les droits des peuples faibles ; car une nation qui se trouve « dans les conditions d'existence des États-Unis peut tout « oser de ce qui est grand et généreux. Les États-Unis n'ont « à diriger aucun peuple. Ils doivent répudier tout ce qui « peut porter atteinte aux droits et à l'indépendance des « autres. Ceux qui veulent mettre en pratique la théorie des « grands empires sont les instruments de leur propre « perte. Les grands empires, c'est la mort des nationalités, « c'est le crime, c'est le despotisme, c'est l'absorption de « toutes les vertus et de tous les vices dans un grand tout « sans cohésion mutuelle, ce qui produira tôt ou tard « comme résultat la négation de puissance innée et défen- « sive. Toute nation privée de principe mère est appelée à « périr, et la théorie des grands empires est la négation « absolue de tout principe mère. Les États-Unis ne peuvent « pas, après avoir fondé le plus grand Empire démocratique « que le monde ait jamais vu, aspirer à la domination uni- « verselle : c'est une chose qu'ils savent être contre la loi « naturelle. Ils n'ont aucun intérêt à courir après ces grands « désastres qu'ont connu tous ceux qui ont obéi à une « ambition démesurée; et ils ne peuvent pas, après avoir « fondé leur indépendance aux prix de tant de douleurs, « rêver d'user de leur puissance pour asservir la liberté et « l'indépendance d'autrui. Sans doute la civilisation, le « temps n'ont d'autre but que l'unité des peuples, mais « cette opération naturelle consommera encore bien des « siècles avant de devenir une réalité, et tout peuple « qui veut devancer l'action du temps est appelé à périr « immanquablement.

« Chaque peuple, quelque petit qu'il soit, a un caractère « spécial. Il y en a qui sont plus avancés les uns que les « autres dans le vice, dont les mœurs sont pourries et qui « portent dans leur sein un germe destructeur, et vouloir « absorber dans un seul tout tant d'éléments divers et de « nature si mauvaise, c'est courir le danger bien grave « d'être absorbé soi-même par l'anéantissement du principe

« vital que tout peuple porte en soi. Nous sommes amené « ici à citer un passage du célèbre ouvrage de M. D. Delorme : « Les peuples ne se forment pas par l'aveugle action du « hasard. Il y a des raisons intimes d'histoire, de sang, de « langue, de traditions, qui forment ce qu'on appelle une « nation. Quand on violente toutes ces raisons pour « assimiler des peuples étrangers à une seule et unique « administration, ils semblent plier d'abord ; mais c'est pour « se ramasser l'instant d'après et recouvrer la légitime « indépendance qu'ils tiennent de la nature des choses. « La théorie des grands empires et la théorie socialiste de « négation des frontières, quoique de nature différente, « concourent cependant au même but. Non, c'est une chose « qu'il faut conserver que les nationalités ; les nationalités « sont des personnalités qu'on ne peut tuer sans commettre « un crime de lèse-humanité ; non ; c'est une chose qu'il « faut conserver que les frontières ; les frontières sont, comme « l'a si bien dit un homme d'Etat français, des coupures « dans la chair des nations ».

* * *

M. Théodore Roosevelt, un des hommes d'Etat les plus sincères de notre époque, a dit ces célèbres paroles : « Un individu pas plus qu'une nation n'a le droit de se soumettre à l'injustice ». Et le parti républicain dont il est, et qui recèle dans son sein des hommes politiques moraux, se prépare sans doute à redresser tous les torts qui ont été commis envers les autres peuples de ce continent par le gouvernement de M. Wilson. C'est donc vers ce parti que les peuples faibles opprimés de l'Amérique doivent tourner leurs regards. C'est donc le triomphe de ce parti qui doit amener aussi le triomphe de la justice dans les relations internationales des Etats-Unis et des autres peuples faibles de cet hémisphère, et le début d'une ère nouvelle de solidarité interaméricaine.

Le peuple américain, en élisant un chef de l'Etat dans les conditions prescrites par la constitution des États-Unis, se repose entièrement sur lui du soin de conduire ses destinées. Et il suffit d'un discours, d'un message de ce chef d'Etat pour qu'il ait des indications nécessaires à asseoir son jugement. Ce n'est pas une campagne de presse parfois intéressée qui est capable d'altérer ce jugement. Ses yeux sont fixés sur la Maison Blanche d'où on attend le mot d'ordre. C'est que la politique générale des Etats-Unis est présidentielle.

Je ne sais qui a dit que la parole a été créée pour permettre à l'homme de déguiser sa pensée ; c'est donc par les actes qu'on doit juger un homme d'Etat et non par la parole. Les actes de M. Wilson ne nous permettent pas jusqu'ici de le considérer comme un chef d'Etat voulant réellement le règne d'une justice internationale égale pour tous les peuples et toutes les races. M. Wilson a pu concentrer tous ses efforts dans le sens des intérêts immédiats de son pays, mais il a manqué de tact dans son appréciation des affaires internationales. Et si aujourd'hui il se montre plus ou moins assagi, nous devons ce changement au choc des événements qui se se sont déroulés et qui ont quelque peu dérouté ses calculs. Il a failli compromettre l'avenir de son pays pour avoir voulu peut-être trop bien le servir, et il a, par ce fait, froissé bien des grands peuples et humilié bien des petits. C'est donc comme politicien d'affaires qu'il a envisagé, au début, les grands événements qui s'accomplissent actuellement. Le partage, par exemple, des peuples faibles ferait bien ses affaires. L'indépendance morale des peuples qui fait qu'une nation considère comme une offense toute atteinte portée aux droits d'une autre, il n'en avait cure. Pour n'avoir pas compris ce qu'une nation, quelque puissante qu'elle soit, doit de respect à une autre, quelque faible qu'elle soit, M. Wilson a fait envahir notre territoire durant la nuit, sans déclaration de guerre. La violation de la Belgique ne pouvait exercer aucun effet moral sur cet homme ; car, s'il n'était pas dans sa pensée de faire la même chose dans la sphère qui lui est propre, il aurait, au début de la grande guerre, protesté contre cette violation, ce qui aurait épargné à l'humanité bien des vies humaines et des crimes qui effraient l'imagination.

*
* *

Lorsqu'une nation viole les droits d'une autre, les peuples libres ont pour devoir, alors même que leur signature n'est pas foulée aux pieds, d'accourir au secours de la victime, sans consulter leurs intérêts, car la violation des droits d'une seule nation est la violation des droits de toutes, même de celle qui a commis ce crime. Une nation qui viole les droits d'une autre crée parfois un précédent qu'on pourra invoquer un jour contre elle-même.

L'Angleterre restera éternellement grande à l'occasion de la violation de la neutralité belge. Et, même que cette intervention de l'Angleterre fût dictée par ses intérêts, elle n'a pas moins donné l'exemple d'une action de haute moralité en prenant la défense d'un peuple faible. Et cette action de de la noble Albion a posé à jamais les bases d'un monde nouveau.

Quant à nous, nous avons la conviction profonde que les nations libérales qui luttent pour le règne du droit et de la justice régleront la question haïtienne qui fait aussi partie des questions internationales. Car l'occupation du pays a été faite à un moment de trouble international. Aucun traité liant ce pays à un autre ne peut avoir de valeur internationale à un moment surtout où tous les traités internationaux sont considérés comme caducs et les grandes puissances privées de leur liberté d'action.

M. Asquith a dit : « Que la guerre soit longue ou courte, « nous ne nous arrêterons pas en cours de chemin, nous ne « faiblirons pas avant d'avoir affranchi le *monde entier* du « régime de la force. » M. Asquith a encore dit : « Dans cette

« lutte nous sommes non seulement des champions des droits « et des traités, mais de l'indépendance et du libre déve- « loppement des pays les plus faibles ». « Ce n'est pas l'inté- « rêt de tel ou tel peuple, a dit l'honorable M. Bourgeois, « mais l'intérêt commun de tous les peuples que la con- « science humaine voudra faire triompher : et qui dit inté- « rêts communs de tous les peuples, dit par là même droit « commun à tous les peuples grands et petits, considérés « comme des égaux. C'est ce droit commun qu'il s'agira de « défendre et de fonder. »

Il faut donc que toutes les questions internationales soient réglées au Congrès de la Paix, pour qu'après cette guerre aucune voix discordante ne vienne troubler les nations qui ont versé le plus pur de leur sang pour la fondation d'un monde nouveau. Il faut que ce soit réellement le règne de Dieu qui arrive, c'est-à-dire : l'empire de l'Esprit sur la matière...

Il n'y a pas de doute que notre voix ne soit entendue des Asquith, des Briand, des Lloyd George, des Viviani, des Balfour, des Clemenceau, des Sonnino et surtout de tous les hommes d'État des peuples faibles de l'Europe et du reste de l'Amérique, et d'autres illustres membres des Parlements de l'Angleterre, de France, de l'Italie qui se sont toujours fait entendre en faveur de la défense des faibles. . . .

. . . .

. . . .

Nous avons essayé de prouver que seule la lutte pour l'hégémonie a pu justifier l'action des États-Unis en Haïti, mais qu'après la victoire des nations libérales, toutes les raisons d'intervention des États-Unis seront évanouies. Cette intervention a eu lieu à un moment où les trois quarts du monde croyaient à la victoire de l'Allemagne. Les grandes nations libérales, menacées dans ce qu'elles ont de plus cher en Europe, ne pouvaient que fermer les yeux sur ce qui se passait dans le reste du monde. Et d'un autre côté le sens de la guerre n'était pas encore nettement défini ; il n'était donc pas de leur intérêt de protester contre un acte des États-Unis qui devait indisposer l'Allemagne contre eux. Nous avons lu beaucoup de révélations après l'intervention américaine sur les intentions de l'Allemagne à l'égard d'Haïti; mais aucune d'elles ne nous a étonné; car nous savons et tous les Haïtiens savent que le ministre allemand en Haïti s'est présenté un jour au Palais National pour demander la part qui doit échoir au puissant Empire allemand, dans le partage de la République d'Haïti en plusieurs zones d'influences économiques étrangères, ce qui suscita l'indignation de tous les Haïtiens patriotes. Entre autres, celui qui écrit ces lignes a eu à déclarer ouvertement que si la situation d'Haïti est telle qu'il faille absolument la direction de l'étranger, cette direction ne doit en aucune façon être collective, mais unique. Et avec sincérité, sans animosité aucune contre aucune grande puissance européenne, lui surtout dont la seconde Patrie est la France, il a cru devoir éclairer ses concitoyens en essayant de prouver la nécessité pour eux d'adopter une nouvelle orientation dans l'ordre international; ce qui lui a valu d'être traité, par des Haïtiens peu éclairés, d'annexionniste. Nous avions sincèrement cru alors que les intentions du Cabinet de Washington à notre égard seraient favorables à nos aspirations de peuple libre et indépendant, et nous n'étions pas loin d'admettre une intervention pacifique du gouvernement des États-Unis, ayant pour objet la réconciliation de la famille haïtienne par la formation d'un gouvernement nettement national, dont les pouvoirs seraient exercés sous l'égide de cette intervention temporaire. Et, même dans le cas, qui s'est d'ailleurs produit, où le gouvernement des États-Unis *devait intervenir par la force*, tout ce que l'humanité, ou pour mieux dire la civilisation, était en droit d'attendre de lui, c'était d'y intervenir comme médiateur, pour se rendre compte des griefs respectifs des partis en présence, afin de les réconcilier sur le terrain de leurs aspirations et de leurs intérêts communs. Mais, au lieu de cela, que voyons-nous? Nous voyons se renouveler les mêmes scènes du passé ; c'est-à-dire : l'assassinat, la délation, l'érection des instruments de torture sous forme de prisons ; plus de mille familles jetées sur le pavé, sous prétexte d'économie ; des citoyens de valeur humiliés, sans tenir compte de leur passé honorable et respecté. Et sous prétexte de donner du travail au peuple, tous les revenus de la République employés à des travaux dérisoires qui n'ont aucune valeur pratique. On s'est empressé de s'emparer de nos douanes avant qu'aucun traité, qu'aucune convention soit intervenue. Notre liberté de disposer comme bon nous semble de nos revenus offusquait Washington. Un peuple de race nègre n'a pas le droit d'avoir l'autonomie politique, économique et financière. Un millier de nos concitoyens furent massacrés sous prétexte qu'ils continuaient à troubler la paix publique. Il faut que l'ordre règne à Varsovie ; et il y règne. Parmi ceux qui échappèrent aux massacres comme Cacos, il y en a qui se rendirent en France où ils sont en train de se signaler dans les tranchées.

***

M. Wilson a dit : « Nous sommes au commencement d'un « âge où les gouvernements tout comme les individus doivent « être tenus responsables de leurs actes. » M. W. Wilson est donc tenu pour responsable devant le monde civilisé, le peuple des États-Unis et celui d'Haïti, de l'arbitraire des actes de ses agents en Haïti. Il a donc à répondre de ces actes devant le tribunal des Nations.

Un journaliste des États-Unis a eu l'imprudence d'écrire en pleine guerre européenne qu'*Haïti est le seul pays du monde où le nègre commande le blanc...* C'est là qu'il faut chercher la raison de l'action violente, dédaigneuse, inhumaine, attentatoire aux droits sacrés de la République d'Haïti, à l'indépendance intégrale, du gouvernement de M. Wilson ; de telles paroles sont une insulte *à la race noire toute entière* qui a pu voir dans le drapeau haïtien le symbole de ce que

sera son avenir : l'égalité entre elle et les autres races. Et si comme on le dit, la France est pour quelque chose dans l'action violente du gouvernement de M. Wilson en Haïti, ce geste restera comme un des plus malheureux de ce noble pays. Car plusieurs millions de noirs font partie de la nation française. Cette nation a donc pour devoir d'éviter tout geste devant contribuer à l'humiliation d'une race qui la considère comme le foyer d'où elle doit tirer tous les éléments définitifs de sa rédemption. A l'avenir, la race noire sera l'alliée naturelle de la noble nation française. Haïti de son côté a souffert pour la France après la guerre de 1870-71, à cause de ses manifestations en faveur d'elle. Elle s'est encore manifestée en faveur de cette nation le jour du départ des soldats français, en 1914, manifestations qui étaient considérées par les Allemands de Port-au-Prince comme une provocation. Mais il faut reconnaître en conscience que le zèle des Haïtiens qui ne pensent pas s'est quelque peu refroidi pour la cause française après l'intervention violente des États-Unis en Haïti. Et le découragement s'est emparé presque de tous les Haïtiens après l'entrée de ces États dans la guerre européenne. . . . .
. . . .

De qui donc le gouvernement de M. Wilson a-t-il reçu la mission de nous donner une leçon de conduite, quand en aucune manière nous n'avons porté atteinte aux droits, aux intérêts et à l'honneur des Etats-Unis et d'aucune autre nation ? Serait-ce à cause de la France ?

Le peuple haïtien, dans un délire de colère et de vengeance, s'est précipité sur la légation de France pour se faire livrer l'ex-président Vilburn Guillaume qui venait d'ordonner le massacre des prisonniers politiques. Ce qui fut fait au cri de : Vive la France. Et au dire même d'un Français, ancien combattant de 1870, M. Ferdinand Saint Gérand, ce fut avec le plus grand respect que le peuple s'est présenté à la légation de France. La légation n'a opposé aucune résistance, et Vilburn Guillaume fut pris. Comme conséquence de cet acte, le président de la République d'Haïti, M. Dartiguenave, se rendit à la légation pour y apporter l'excuse du peuple haïtien. Donc pour la France l'accident est considéré comme clos par les Haïtiens éclairés. C'est donc en raison de la doctrine de Monroë que nous sommes dominés en Haïti, mais au dire même de M. Wilson cette doctrine a cessé d'être américaine pour devenir celle du monde, car elle signifie : Le droit de tous les peuples à l'indépendance respective...

Qu'on le sache bien, des voix haïtiennes et avec elles toutes celles qui sont éprises de l'idée de justice et du droit intégral ne se tairont point tout le temps que les grandes nations libérales resteront sourdes à leur appel à la justice. Et ce constant appel à la justice ne sera pas moins une cause de perturbation pour le repos du monde. Car l'instabilité d'existence de l'infiniment petit a autant de conséquence morale que l'instabilité d'existence de l'infiniment grand.

Mais, nous n'avons pas le droit de désespérer quand nous entendons des voix comme celle de l'illustre ministre italien M. Phillipo Meda déclarer : « Il faut désormais « écouter les voix de la nature, qui ne sont pas moins impé« rieuses lorsqu'elles réclament les droits de l'homme; il faut « donner à chaque état les conditions essentielles de son « indépendance et de son développement. » Or toutes ces conditions nous manquent, puisque nous sommes liés forcément par une convention qui fait dépendre toutes nos conditions politiques, financières et économiques d'un président d'État étranger; quand nous sommes liés par une convention qui nous impose une vie politique contraire à nos traditions, à nos mœurs et à nos habitudes. On a même essayé de substituer à nos affiches de langue française des affiches de langue anglaise. Les costumes de nos forces nationales avec leurs parements ont été remplacés par les costumes des forces des États-Unis. Un bataillon de la réforme militaire qui devait servir de noyau à la future armée haïtienne, a été brutalement congédié après une belle revue. Un corps de musique qui était l'orgueil de la nation a été dissous et son chef, une des gloires nationales, mis sur le pavé. Aucune publication de compte. L'intervention violente dans les affaires privées, sous prétexte de sauvegarder l'ordre. Le non payement des intérêts et de l'amortissement de nos dettes publiques. On pousse le pays à la faillite nationale pour s'acquérir des droits à une domination illimitée. En un mot, la négation de toute la vie nationale haïtienne est l'objectif du gouvernement de Washington. Ce sont là des procédés qui relèvent de l'ancien système du monde. Aujourd'hui que nous sommes à l'aurore d'un monde nouveau et que les nations libérales ont juré de libérer le monde entier du régime de la force, aucun peuple ne peut être violenté, même dans le sens de son bien-être matériel. Car, comme l'a fort bien dit M. Viviani, le bien suprême n'est pas la vie, mais l'honneur pour les individus, et l'indépendance pour les nations.

Qui eût cru qu'une nation démocratique, réputée humaine et généreuse entre toutes, s'ingénierait à l'abaissement et par conséquent à l'anéantissement de l'élite morale d'un pays, afin de détruire tous les éléments de sa fierté nationale, de façon que la masse du peuple puisse méconnaître à jamais tous ceux dont le savoir, l'intelligence et la bonne foi auraient pu non seulement reconstituer la nation haïtienne sur de nouvelles bases, mais encore lui servir de sentinelles toujours prêtes à défendre les intérêts matériels et la cause de l'indépendance nationale.

Non! les nobles nations libérales et même la partie saine des États-Unis ne peuvent se prêter à ce jeu. Il ne faut pas que l'histoire puisse dire que, sous prétexte de mettre de l'ordre dans un petit pays, les États-Unis s'y sont implantés au prix de l'honneur, de la liberté et de la bourse du dit pays, avec l'intention de s'y établir définitivement.

Non, notre vie nationale ne peut être anéantie parce qu'à une période malheureuse de notre histoire, nos dirigeants ont manqué du sens de l'ordre, de la liberté et de la justice sociale; parce qu'une partie de l'élite intellectuelle a failli dans la noble mission de diriger les destinées du pays, en donnant l'exemple des fortunes illicites, et par là, contribué au relâchement des mœurs politiques et sociales!

Nous reconnaissons donc avoir commis des erreurs et avoir méconnu les vrais intérêts nationaux, dirigés que nous étions par cette partie de l'élite qui avait, en quelque sorte, fermé toutes les avenues du pouvoir aux hommes de bonne foi de ce pays. Mais c'est à l'évolution politique et sociale seule à remédier à nos maux; c'est à elle qu'il appartient de faire disparaître toutes les formes d'inégalités politiques et sociales, et non pas à l'action violente d'aucune nation étrangère, car les raisons de vivre d'un peuple ne doivent être discutées que par ce peuple.

Intervenir chez une nation pour lui imposer un mode de vie qui ne découle pas de sa volonté est un acte intolérable qui ne tend à rien moins qu'à détruire l'essence même de sa nationalité; tentative éphémère dont la répercussion est toujours dangereuse pour l'avenir même de la nation qui s'en est rendue responsable.

Et ce qui révolte d'autant plus la conscience nationale haïtienne, c'est qu'au moment où les actes les plus contraires à l'indépendance d'un peuple se commettent en Haïti, M. Wilson couvre d'or et comble de sollicitude la Russie révolutionnaire, où toutes les scènes de carnage se sont donné cours. Et pourquoi donc une telle inégalité de traitement? C'est parce que Haïti est un peuple faible. M. Wilson et son parti n'échapperont donc pas à la responsabilité d'avoir abusé de la force pour humilier un peuple faible.

Franchement il serait trop étrange qu'au moindre geste d'indépendance d'un peuple, il s'en trouvât un autre pour s'introduire chez lui avec des gendarmes. Dans une telle condition, la vie indépendante des peuples deviendrait impossible, quand on songe surtout que chaque peuple doit manifester sa volonté de mieux-être politique et social, suivant ses mœurs et les affinités de sa race.

***

Toutes les grandes nations, tous les petits et grands peuples ont commis des horreurs : des reines et des rois sont montés sur l'échafaud; il y a eu des assassinats politiques; des empoisonnements ; des défénestrations de rois, de reines, d'ambassadeurs; des meurtres de ministres et de pauvres femmes innocentes. Quel plus grand crime que l'assassinat de John Brown; et, s'il y a un acte qui révolte la conscience universelle, c'est bien le lynchage de malheureux noirs sans défense, ce qui est aussi une forme de guerre civile, et cependant quelle est la puissance, quelque forte qu'elle soit, qui se permettrait d'en demander raison, au nom de l'humanité, au peuple des États-Unis? — On doit remarquer que tous les crimes que nous venons d'énumérer sont des crimes d'avant-guerre.

Hélas! l'horreur partout, même chez les meilleurs ;
Toutes les grandes mains, hélas! de sang rougies,

a dit le poète.

Ce sont les crimes de toutes les nations et de toutes les races qui ont amené le grand américain Herrick à affirmer : « qu'il y a dans toute race, toute nation des exemples « affinés de l'instinct barbare, de la philosophie barbare de « la vie; il connaît, affirme-t-il, personnellement un grand « nombre de barbares, la société américaine en pullule, et la « connaissance qu'il a d'eux, de leur force et de leurs limi- « tations, lui permet de comprendre les Allemands modernes « tels que cette guerre les révèle, des gens et un peuple qui « ne connaissent pas l'idéal de goût, d'honneur, d'humanité, « les valeurs que les non barbares résument dans l'expres- « sion : « dignité morale ».

***

Comme la Serbie, avant l'avènement de la dynastie actuelle, Haïti a eu le plus souvent des dirigeants corrompus et corrupteurs.

Et le peuple, sachant apprécier les bons gouvernements, a compris qu'il était trompé en voyant augmenter chaque jour ses charges. De là la facilité avec laquelle ce bon peuple a suivi certains spéculateurs politiques, durant ces dernières années. Il est donc loin d'être réfractaire à la stabilité politique et sociale, conséquence directe de la liberté dans l'ordre. Donc la cause de sa turbulence réside moins dans son atavisme que dans la mauvaise foi de ses gouvernants. Et par le fait que le pays a pu avoir de bons gouvernements, quelque éphémères qu'ils aient été, il ressort donc qu'il y a de bons éléments dont le triomphe définitif devait découler de l'impuissance dans laquelle allaient se trouver les politiciens véreux à s'emparer du pouvoir.

Nous étions à la veille de cette transformation politique, quand sont apparus les agents de M. Wilson. Il ressort donc de tout ce qui vient d'être dit, que la situation du peuple haïtien durant ces dernières années est due à tout un concours de circonstances dépendantes comme aussi indépendantes de la volonté de ses gouvernants. Entre autres, la menace constante d'une doctrine dont l'interprétation abusive par certains hommes du Nord de l'Amérique montre manifestement l'intention de faire du reste des habitants de l'Amérique des assujettis, est aussi une des causes de notre instabilité. C'est bien cette doctrine telle que la veulent les impérialistes du Nord qui a fait le plus de tort à ma Patrie. Les Haïtiens, menacés de se retrouver sous le joug d'une puissance étrangère, se sont empressés de se tailler une part dans la chair vive de la nation, ne se doutant pas que plus ils se montraient avides, plus devait être proche leur assujettissement. Depuis plus de vingt ans, on n'entend plus que ces mots : les Yankees sont en route ; pressons-nous de faire notre part, afin d'assurer le repos de nos vieux jours, car c'est un peuple d'accapareurs qui ne nous laissera rien; et, avec la force, point de résistance. De là toutes les convoitises du pouvoir qui ont trouvé dans l'instabilité sociale des prétextes de révolutions. Et quand le peuple, éclairé, s'est décidé à être son seul juge, c'est alors que s'est produite l'intervention de Washington. *C'est donc la perspective incessante de cette intervention* qui a été, nous le répétons encore, la cause principale de nos malheurs.

Les Haïtiens, affolés par ce spectre, n'ont pas eu le sang-froid nécessaire pour diriger sagement leurs destinées....

Il s'est donc créé une nouvelle question pendant que les nations libérales luttent pour les droits des peuples faibles et pour établir dans le monde le règne de la justice internationale. *Nul doute qu'elle ne soit réglée dans le sens des droits des peuples de disposer d'eux-mêmes.* Et quelles peuvent être les objections qu'on pourrait opposer à nos droits inaliénables, pour ne pas accorder au peuple haïtien, représenté par son élite morale, toute la satisfaction qu'il désire afin qu'il cesse d'être humilié et assujetti ? Car si ce sont les traditions, les mœurs, les habitudes, les sciences pratiques, la philosophie, la poésie, la musique, la religion qui forment les matériaux d'une nationalité, Haïti est donc une nation. Et de quel droit est-on venu nous imposer un genre de vie en opposition avec ces éléments qui servent de base à nos aspirations ?

Nous n'avons pas la prétention d'être mis au rang des peuples supérieurs, nous n'avons pas assez vécu pour cela. Mais de quel droit un de ces peuples supérieurs quelconque prétend-il nous dicter ses lois pour nous forcer à renier tout ce que nous avons acquis de la nature et de l'histoire ? Heureusement pour nous, la grande guerre a prouvé que la force matérielle ne suffit pas et qu'il faut aussi compter avec ces impondérables dont seule la Providence a le secret.

Ces forces impondérables échappent à la direction humaine. Les hommes étant les instruments inconscients de la Providence provoquent des événements qui les assujettissent à leur volonté. Ce sont les forces morales plutôt que matérielles qui dirigent le cours de l'histoire des peuples, et que ne saurait arrêter aucune force matérielle. Il faut donc admettre comme loi que les causes de la formation, de la grandeur et de la décadence des États ne naissent pas de la volonté humaine. Le nom m'échappe de celui qui a écrit ces paroles profondes : « Ce qui ruine l'Empire ottoman, c'est « l'action des forces réelles et non les plans ruminés par les « diplomates et les hommes d'État ; ce qui prouve que les « événements historiques ne sont pas le fait de l'esprit indi- « viduel, mais bien celui des forces naturelles qui poussent « en avant l'évolution des peuples et de l'humanité, soit vers « le progrès, soit vers la décadence ».

Les forces matérielles d'un État seraient, tôt ou tard, la cause de sa ruine si elles n'avaient comme correctif ces forces morales que représentent la justice, le droit et le respect humain.

***

Comme un individu, une nation n'est pas exempte de péché lorsqu'il s'agit surtout pour elle de se constituer une vie nationale qui doit mettre son honneur et son bien-être en état d'être défendus avec gloire. Mais lorsqu'elle a atteint cette grandeur, son devoir est de se replier sur elle-même, de faire pour ainsi dire son *mea culpa*. Il faut que, pour atténuer les fautes du passé, elle puisse accomplir de grands actes d'humanité. Il faut en un mot que les fautes qu'elle a pu commettre dans le passé soient pour elle des enseignements pour sa conduite future.

Mon âme frémit à la pensée qu'après tant de sang versé, et du plus pur de toutes les races, il puisse subsister encore des questions d'inégalités de races, de peuples supérieurs et inférieurs, d'assujettissement, de dépendance et de violation du droit. Sans doute, la vertu et le savoir restent, pour toutes

les races comme pour toutes les nations, des signes de distinctions personnelles, mais là seulement doivent s'arrêter les bornes des inégalités, si l'on veut que la paix future soit universellement et sincèrement acceptée par toutes les races et tous les peuples. Et c'est à ce point de vue que l'illustre homme d'État italien, M. Sonnino, a pu dire ces mémorables paroles : « Loin de nous toute pensée, non seulement d'op-
« pression, mais aussi d'avilissement d'aucune race, d'aucun
« état, voisin ou lointain, grand ou petit. Nous visons, au
« contraire, à coopérer à la constitution de cet équilibre
« de force qui est la condition et la garantie du respect réci-
« proque et des concessions mutuelles, éléments essentiels
« de la liberté et de l'équilibre dans la vie sociale commune
« des individus comme des peuples ».

***

Il est nécessaire que les nations libérales sachent que la condition qui est faite au président actuel de la République d'Haïti n'est rien autre que celle que se proposait de faire au chevaleresque roi des Belges, le chancelier allemand Bethmann-Hollweg ; tant il est vrai qu'il y a beaucoup d'analogie entre la diplomatie de cet homme d'État envers les faibles et la diplomatie de M. Lansing. Or, les raisons pour lesquelles ces nations luttent en ce moment pour la libération de la Belgique et des autres peuples faibles de l'Europe sont les mêmes qui condamnent la présence des agents de M. Wilson et de M. Lansing en Haïti, et il n'y a pas deux morales publiques.

Puisque les soldats de M. Wilson sont encore en Haïti, il faut admettre que les raisons de l'intervention des États-Unis dans la guerre européenne ne sont pas les mêmes que celles de l'Angleterre, et nous ne nous faisons pas d'illusion à ce sujet. C'est au contraire l'occasion pour nous de dire : la séance continue.

Nous avons le droit d'être inquiets, nous autres Haïtiens ; mais nous le serions davantage si nous n'avions pas eu l'engagement des plus illustres hommes d'État et des écrivains de l'Europe de *réorganiser le monde sur un pied d'égalité absolue entre les peuples, à cause surtout des petits peuples faibles*. L'Angleterre, la France et l'Italie, la noble nation latine moderne qui a hérité de la Rome de Caton et de Cicéron toutes ses aspirations, luttent en ce moment pour le triomphe définitif de la démocratie dans le monde à l'intérieur comme à l'extérieur de l'Europe ; et M. Léon Bourgeois, qui est universellement reconnu comme un grand caractère, a dit : « que la démocratie, c'est, à l'inté- « rieur des nations, la liberté et l'égalité assurées à tous les « hommes. La démocratie dans le régime international, c'est « la liberté et l'égalité assurées à tous les peuples ». C'est l'illustre M. Balfour, l'homme d'État anglais, dont l'esprit fait honneur à l'humanité, qui a dit : « Les nations doivent élaborer elles-mêmes leurs chartes de liberté, fondées sur « leurs propres idées, basées sur leur histoire, leurs tradi- « tions et leurs espérances d'avenir ». C'est l'illustre écrivain universel, le vétéran du patriotisme français, qui a dit : « La paix doit être organisée de façon que tout État pertur- « bateur soit mis à la raison par la volonté solidairement « armée des autres États ».

Ces lois protectrices, qui, selon la noble expression de M. Barthou, doivent régler l'évolution de l'humanité, seront sans doute observées à notre égard par les grandes nations libérales.

Et le gouvernement de M. Wilson, pour n'avoir pas voulu comprendre au début le sens de la guerre européenne, doit rendre compte aux nations libérales, comme aussi à la partie saine du peuple des États-Unis, de l'action violente de ses agents à l'égard des hommes libres d'Haïti. Et c'est en France même, pays où toutes les formes de générosité se donnent librement cours, que notre pays trouvera le concours le plus efficace pour l'aider à s'affranchir du joug qui lui est imposé par le gouvernement de

M. Wilson. Car, qu'on le sache bien, Haïti n'a jamais cessé d'être française par le cœur et par toutes les formes de civilisation qui constituent une nationalité.

CONCLUSION

Rien ne peut remplacer l'injustice que la justice ; rien ne peut remplacer le droit que le rétablissement du droit. Il n'y a pas de traité, pas de convention ultérieure à la violation du droit qui puisse légitimer cette violation et la consacrer.

Si le gouvernement de M. Wilson avait besoin d'un traité avec notre pays, que d'ailleurs la situation internationale de l'ancien monde lui faisait peut-être une obligation d'obtenir, il n'avait, la paix rétablie en Haïti, qu'à donner l'ordre à ses troupes d'évacuer ce pays, afin que le peuple haïtien puisse, en toute liberté, discuter ce traité. Mais s'emparer préventivement des douanes de la République d'Haïti et mettre tous les services publics sous la direction d'une gendarmerie dont les officiers sont la plupart des Germano-Américains, dans un pays surtout où les sentiments pour la France sont naturellement amicaux et nous imposer une convention pour sanctionner des actes déjà accomplis, ce n'est rien autre qu'un accaparement, un acte infâme, attentatoire à la morale publique des peuples...

Nous n'avons pas besoin de savoir si la convention conclue entre le gouvernement de Dartiguenave et celui de Wilson a été ou non observée de l'un et de l'autre côté, mais ce que nous savons, et ce que tous les honnêtes hommes d'État du monde doivent savoir et savent peut-être déjà, c'est que cette convention, extorquée par la violence, est nulle et non avenue, car un contrat ne vaut que par le libre consentement des deux contractants. Or Haïti a signé la convention l'épée sur la gorge. Le pays n'a pas été consulté. Il s'est courbé tout simplement devant la force. *La violence étant une cause de nullité pour les conventions qui en sont entachées*, et au surplus, en violation du principe, universellement reconnu aujourd'hui, du droit qu'ont les peuples de disposer d'eux-mêmes, nous déclarons à la face de l'Univers, que tout ce que le gouvernement de M. Wilson a entrepris en Haïti est en opposition formelle avec la majorité de la volonté nationale.

De même qu'il a paru absurde, dans ces derniers temps, qu'un autocrate pût disposer à sa fantaisie de la vie et des biens de plusieurs millions d'hommes sans les consulter, il est de même au-dessous de notre époque qu'une nation quelconque s'érige en gendarme pour en châtier une autre, sous prétexte que la vie publique de cette autre nation ne répond pas à ses propres intérêts.

La convention, telle qu'elle est, constitue un privilège en faveur des États-Unis, au détriment des intérêts des autres grandes nations. Or, c'est M. Wilson lui-même qui a dit : « Les hommes d'État qui ont la responsabilité de diriger la « politique de leur pays doivent se rendre actuellement « compte qu'aucune paix ne pourrait reposer avec certitude « sur les relations politiques et diplomatiques basées sur les « privilèges accordés à certaines nations, au détriment des « autres ». C'est ce même M. Wilson qui a dit encore : « Les « Américains estiment que la paix future doit se reposer « sur les droits des peuples, petits ou grands, qui doivent « jouir également de la liberté et de la sécurité la plus « absolue et à qui personne ne peut contester le pouvoir de « se gouverner eux-mêmes ». Les pays envahis devant être évacués par les occupants, il importe, eu égard surtout à la situation générale du monde, que M. Wilson fasse évacuer par ses troupes la République d'Haïti, afin que la dernière Chambre, élue librement par le peuple, puisse s'assembler librement sous l'égide de la Constitution et s'occuper des affaires générales de la République. Nous attendons le verdict du monde civilisé !

17 octobre 1917.

7397. — CORBEIL. — IMPRIMERIE CRÉTÉ.

www.ingramcontent.com/pod-product-compliance
Lightning Source LLC
LaVergne TN
LVHW010042230826
846091LV00005B/1826